JAMES LUCAS

HANDBUCH DER WEHRMACHT

1939–1945

EIN NACHSCHLAGE WERK

tosa

Originaltitel „The German Army Handbook", erschienen bei Sutton Publishing Limited, Stroud, Gloucestershire, GB

Aus dem Englischen von Rudolf F. Kaspar

Druck: Mladinska knjiga tiskarna d.d.

Inhalt

DANKSAGUNG

Unter den vielen Institutionen und Freunden, deren Hilfe mir bei der Abfassung dieses Buches zuteil wurde, gibt es zwei Männer, deren Hilfe unschätzbar war und denen ich besonders danken möchte. Der eine ist Gary Shaw, BSc, der Recherchen über die Infanteriewaffen, die Artillerie und die gepanzerten Kampffahrzeuge, die hier beschrieben werden, durchführte. Als ich im Sommer dieses Jahres kurz krank war, half mir Gary. Ohne ihn wäre die Abfassung des Buches vielleicht ernsthaft verzögert worden. Der andere Freund ist der angesehene amerikanische AutorMark Yerger, der die meisten Fotografien, die den Text illustrieren, zur Verfügung stellte. Mark öffnete für mich nicht nur sein umfangreiches Archiv, auch seine Beratung bei einer Reihe von technischen Punkten war von unschätzbarem Wert. Ich erkenne seine Hilfe dankbar an.

Ich möchte auch meiner Enkelin Victoria danken, die die vielen Entwürfe zu diesem Werk las und prüfte. Ebenso Julie Robertshaw und Colin Bruce, beide von der Abteilung für Druckwerke im Imperial War Museum, und Hilary Roberts von der Abteilung für Fotografie desselben Museums. Mein Dank geht auch an Dr. Rauchensteiner vom Heeresgeschichtlichen Museum in Wien, an Vizeleutnant Eberl vom österreichischen Bundesheer und an Gill Pratt. Weiters danke ich Oberstleutnant George Forty, dem früheren Direktor des Panzermuseums in Bovington, Herrn Jonathan Falconer, meinem Herausgeber, und Frau Sheila Watson, meiner Agentin. Mein Dank gilt aber auch besonders meiner Gattin Edeltraude für ihre beständige Unterstützung und Ermutigung.

James Lucas
London, 1998

BIBLIOGRAPHIE UND NICHT PUBLIZIERTE QUELLEN

Cooper, M., *The German Army, 1933–1945*, MacDonald and Janes, 1978.
Hillgruber (Hrsg.), *Kriegstagebuch der OKW*, Bernhard and Graefe, 1963.
Keilig, *Das Deutsche Heer, 1939–1945.*
Kissel, H., *Der Deutsche Volkssturm, 1944–45*, Frankfurt am Main, 1962.
Klietmann, *Die Waffen-SS: Eine Dokumentation*,
Middeldorf, E., *Taktik im Rußlandfeldzug*, Mittler, 1956.
Phillipi, A. und Hesse, E., *Der Feldzug gegen Sowjet-Rußland*, Kohlhammer, 1962.
Tessin, G., *Verbände und Truppen der Deutschen Wehrmacht und SS*, Biblio Verlag, 1975.
US Armee, *German Army Handbook, 1944.*
War Office, *The German Order of Battle, 1944.*

West, O. B., „Angriff Heeresgruppe ‚B'", 16. Dezember 1944.
HQ der 2. Armee, „Geschichte der Operationen der 2. Armee", Bielefeld.
OKH, „Operationsabteilung ‚Barbarossa'", Chefsachen Band III.
OKH (Fremde Heere Ost), „Handakte: Deutsche Unternehmungen", Ostfront 22. Juni 1941 bis 30. August 1943.

Glossar

Abteilung	Das Wort hat verschiedene Bedeutungen. Bei einer Artillerie-Einheit war sie gleich einem Bataillon. Bei anderen Truppenzweigen konnte sie ein Verband jeder Stärke zwischen einer Kompanie und einem Regiment sein.
Barbarossa	Codename für den Deutschen Plan für den Angriff auf die Sowjetunion im Juni 1941.
EA	Eigenantrieb
Eisenbahnlafette	Gestell für Eisenbahnschienen, meist für schwere Artilleriestücke.
Fall Gelb	Deutscher Plan für den Feldzug in Holland, Belgien und Frankreich 1940.
Fall Weiß	Deutscher Plan für den Angriff auf Polen 1939.
Flak	Flugzeugabwehrkanone.
Horch-Kompanie	Kompanie zum Abhören drahtloser Nachrichten.
HQ	Hauptquartier
Kampfwagenkanone	Eine Panzerkanone, meist die Hauptwaffe des Fahrzeuges und daher eine Waffe von hoher Geschwindigkeit.
Lehr-Bataillon	Übungs- und Demonstrations-Bataillon.
LMG	Leichtes Maschinengewehr.
Luftwaffe-Feld-Division	Division, die ursprünglich zum Bestand der Luftwaffe zählte und dann als normale Infanterie kämpfte.
Nebelwerfer	Ein Raketenwerfer mit vielen Rohren, der hochexplosive Geschosse abfeuerte.
Oberkommando	Die höchste Befehlsstelle einer Waffengattung; Oberkommando des Heeres (OKH), Oberkommando der Luftwaffe (OKL), Oberkommando der Marine (OKM) und Oberkommando der Wehrmacht (OKW)
PAK	Panzerabwehrkanone.
PzKw	Panzerkampfwagen; meist ein Panzer (Tank).
Panzerbergezug	Zug zur Reparatur von Panzern.
Panzerbüchse	Panzerjägergewehr.
Panzergrenadier	Infanterist einer Panzer- oder Panzergrenadier-Division.
Regiment	Beim deutschen Heer bestand ein Infanterie-Regiment aus drei Bataillonen.
Reichsarbeitsdienst/RAD	Beim RAD erhielten die jungen deutschen Männer militärische Vorschulung und wurden durch harte Arbeit fit gemacht. Im Krieg dienten die RAD-Divisionen als Infanterie an der Ostfront.
Seelöwe	Deutscher Plan zur Invasion der Britischen Inseln 1940.
Selbstfahrlafette	Geschütz mit Eigenantrieb.

SMG	Schweres Maschinengewehr.
SPW	Schützenpanzerwagen, in dem Infanterie, meist Panzergrenadiere, transportiert wurden.
SS	Schutzstaffel – paramilitärische Organisation der Nazipartei.
Sturmkanone	Ein Geschütz mit langem Rohr.
Sturmgeschütz	Ein Geschütz mit kurzem Rohr.
Verstärkte	Meist ein Infanterie-Regiment, das zur Stärke einer Brigade vergrößert wurde.
Volkssturm	Massenaufgebot von Zivilisten, das gegen Ende des Krieges aufgestellt wurde. Die Bataillone des Volkssturms wurden auf Befehl von höheren Naziparteifunktionären, der Gauleiter, aktiviert.
Waffen-SS	Ein Zweig der SS (siehe dort). Die Waffen-SS umfaßte schließlich fast vierzig voll bewaffnete Divisionen, die meist mit herausragender Kühnheit kämpften.
Wehrkreis	Ein Militärbezirk
Zitadelle	Deutscher Plan für die Offensive von Kursk 1943.

VORWORT

Dieses Werk ist ein Handbuch des deutschen Heeres, das im Zweiten Weltkrieg vom 1. September 1939 bis zum 9. Mai 1945 kämpfte. Damit der Leser größtmöglichen Nutzen daraus zieht, ist es nötig, bestimmte Punkte zu klären.

Erstens gibt es in jeder Armee kleinere Einheiten und ansonsten unbekannte Abteilungen, die nicht in das Standardmuster eines Truppenkörpers passen. Von dieser Regel war das deutsche Heer keine Ausnahme, doch aus Platzgründen wurden hier die Details solcher militärischer Einheiten weggelassen, obwohl an geeigneten Stellen, wenn nötig, auf sie Bezug genommen wird.

Zweitens wechselten im Verlauf des Krieges etliche Male sowohl die Personen, die die größeren Formationen führten, als auch die Einheiten, die sie befehligten. Es muß also ein Stichdatum als Bezugspunkt festgesetzt werden. Wir haben uns für Ende 1944 entschieden. Die Formationen werden so beschrieben, wie sie zu dieser Zeit bestanden.

Drittens und als Folge von Punkt zwei ist zu berücksichtigen, daß es Fortschritte in der Waffentechnologie gab, sowohl bei der Geschwindigkeit der Fahrzeuge als auch der Bestückung und bei der Panzerung der Kampffahrzeuge. Einige der Waffen und gepanzerten Kampffahrzeuge, die die Deutschen ins Feld führten, waren den gesamten Krieg hindurch in Gebrauch, andere aber waren schon bald veraltet. Wir legen den Schwerpunkt auf erstere und auf jene, die Ende 1944 in Gebrauch genommen wurden.

Auch bei den Einheitsstärken gab es Veränderungen – sowohl hinsichtlich der Mannschaftsstärke als auch bei den eingesetzten Waffen. Die Schnellfeuerwaffen von 1944 machten es möglich, daß wenige Männer, die damit ausgerüstet waren, dieselbe Feuerkraft entwickelten wie früher viel mehr Männer. Die Stärke an Männern und Waffen bezieht sich daher auf Ende 1944.

Dazu kommt noch, daß das deutsche Heer, wie alle Streitkräfte, zwei Arten von Mannschaftsstärken kannte: die Stärke, die eine Einheit an Männern und Waffen haben sollte, und jene, die sie tatsächlich im aktiven Einsatz hatte, also den Soll- und den Ist-Stand. Alle Zahlen in den Tafeln dieses Buches sind Soll-Zahlen.

Ein Werk über die Armee seines Feindes war für den Befehlshaber einer Streitmacht ein lebenswichtiges Hilfsmittel, da es für ihn entscheidend war, soviel wie möglich über die Stärken und Schwächen, die Waffen, Taktiken und die Moral des Gegners zu wissen. Genauso wichtig war die Persönlichkeit des feindlichen Kommandanten. War er eher aggressiv oder defensiv, starr oder pragmatisch; und, besonders wichtig, hatte er ein feines Gespür? In der Militärgeschichte war oft der Anführer erfolgreich, der „auf die andere Seite des Hügels“ sehen konnte. Dabei spielte ein Handbuch über die gegnerische Streitmacht, das vom Aufklärungsdienst seiner eigenen Armee zusammengestellt wurde, eine große Rolle.

Dieses Handbuch beruht sowohl auf Quellen der alliierten Aufklärung im Krieg als auch auf Nachkriegsarbeiten deutscher Historiker. Es zeigt das deutsche Heer so, wie es sich gegen Kriegsende darstellte. Zu dieser Zeit war es nicht mehr in der Lage, so große Feldzüge wie 1940 gegen den Westen und 1941 gegen die Sowjetunion oder umfangreiche Offensiven an der Ostfront einzuleiten, doch blieb es eine mächtige Kriegswaffe, deren Struktur und Organisation auch noch fünf Jahrzehnte später von packendem Interesse sind. Auf den Seiten dieses Buches wird beschrieben, wie die Panzereinheiten der Truppe auf den ersten Platz, den zuvor die Infanterie innegehabt hatte, vorrückten und wie die Organisation der Waffen-SS sich von einer Handvoll einzelner Regimenter zu Beginn des Krieges schließlich zu einem Rivalen des stehenden Heeres entwickelte. Besonders die Panzerkräfte der Waffen-SS errangen durch ihre Effizienz auf dem Schlachtfeld solches Ansehen, daß sie auf jedem europäischem Kriegsschauplatz als „Feuerwehr" eingesetzt wurden.

Aus den Statistiken und Details, die der Leser im Text findet, wird ihm die Flexibilität des deutschen Heeres in Sachen Kampfesführung und Taktik deutlich werden – eine Flexibilität, dank derer es für den größeren Teil des Zweiten Weltkrieges die militärischen Operationen beherrschte.

KAPITEL EINS

EINLEITUNG

„Die deutsche Armee ist das deutsche Volk unter Waffen" lautete der stolze Spruch, der die Soldaten dieses Heeres seit der Gründung des Reiches 1871 geleitet hatte. Diese Treuebekundung galt unter Hitler ebenso wie unter den Kaisern.

Das deutsche Heer, das im Zweiten Weltkrieg kämpfte, war einer von drei Teilen der Wehrmacht. Innerhalb der Befehlspolitik, die Hitler verfolgte, sollten diese eher Partner als Einzelteile einer dreiteiligen Organisation sein.

Das Heer verstand sich selbst als *primus inter pares* („Erster unter Gleichen"), mußte aber einräumen, daß es nur einer der Partner war. Später kam ein weiterer Partner hinzu: die Waffen-SS. Parallel zum Anwachsen dieser Organisation, die nicht Teil des Staa-

Höhere Offiziere der Wehrmacht bei einer Militärparade in Berlin vor dem Krieg. Von links nach rechts: Milch (Luftwaffe), Keitel (OKW), Brauchitsch (OKH) und Raeder (Marine).

Diese dramatische Fotografie zeigt einen Infanteristen, der beim Zurückschlagen eines feindlichen Angriffs an der Ostfront gerade eine Stabgranate wirft.

tes, sondern der Nazipartei war, schrumpfte der Einfluß des Heeres.

Heer, Marine und Luftwaffe standen unter Befehl des Oberkommandos der Wehrmacht (OKW), das sich in das Oberkommando des Heeres (OKH), das Oberkommando der Marine (OKM) und das Oberkommando der Luftwaffe (OKL) gliederte. Die Waffen-SS war, obwohl sie unter Schutzherrschaft von Himmlers Parteiorganisation stand, auch dem OKW und OKH untergeordnet, sobald ihre Divisionen und Korps im Feld standen.

Die Struktur der Streitkräfte machte es leicht, ganze Einheiten von einem Einsatzort zum anderen zu verlegen. Im Abschnitt über die 9. Gebirgs-Division werden wir sehen, wie diese als Verstärkung Männer der aufgelösten Jagdstaffel „Boelcke" zugeteilt bekam. Ähnlich wurden die dezimierten Reihen der 7. SS-Gebirgs-Division in Jugoslawien mit Abkommandierten der deutschen Marine in der Ägais aufgefüllt, die zuvor in einer anderen SS-Gebirgs-Division gedient hatten. Vor allem gegen Kriegsende gab es viele solche Beispiele von wechselseitigen Versetzungen.

Es war dies ein sehr flexibles Operationssystem, Flexibilität war eine der Haupteigenschaften der Wehrmacht. Diese Flexibilität ermöglichte es den Kommandeuren, bei Operationen zu jedem jeweils militärisch nötigen Ziel Kampfgruppen zu bilden. Die Kommandeure wußten, daß die Reihen in einer schnell zusammengestellten Kampfgruppe mit demselben Elan kämpfen würden wie in ihrer Stammeinheit. Das Vertrauen der Generäle war berechtigt, denn die Soldaten verstanden sich selbst weniger als preußische Infanterie, sächsische Pioniere, österreichische Panzerbesatzung oder bayerische Kanoniere, sondern vielmehr als Soldaten im gemeinsamen Dienst für das deutsche Vaterland.

Für sie war weniger wichtig, daß sie zum Dienst eingezogen wurden, als daß die Streitkräfte ihnen Gelegenheit gaben, Deutschland zu dienen. Für die überwältigende Mehrheit war dies eine eifrig genützte Gelegenheit.

Seit den Tagen Napoleons hatte die Wehrpflicht dazu gedient, die Reihen der Regimenter zu füllen, und im Lauf der Jahrzehnte betrachtete der Durchschnittsdeutsche die paar Jahre, die er in der Armee diente, nicht als Zwang – wie noch in den Feudalzeiten –, sondern als ehrenvollen Dienst am Vaterland.

In der Weimarer Republik (1918–1933) war die Wehrpflicht abgeschafft und durch ein Berufsheer von Freiwilligen ersetzt worden. Diese waren Soldaten in einer schwachen Armee, deren Kraft durch die Bedingungen des Versailler Vertrages unterminiert war. Dieser verbot nicht nur Panzer und schwere Artillerie, sondern schrieb auch die Auflösung des Generalstabes, des Gehirnes der Armee, vor. Eine weitere Klausel beschränkte die Muskeln der Armee, die Soldaten, auf bloße 100.000 Mann. Die geringe Mannschaftsstärke, verbunden mit dem Fehlen geeigneter Waffen, hatte die Führer der Weimarer Republik gezwungen, ihre nationale Strategie zu überdenken und ihrem Heer zukünftig eine rein defensive Rolle zuzuweisen. Es ist ein Zeichen für Hitlers Erfolg, daß er in wenigen Jahren diese defätistische Haltung beseitigt hatte, die die Befehlshaber über zehn Jahre lang als unwiderruflich akzeptiert hatten.

Bei diesen Bemühungen stand die Nazipartei nicht allein. Schon Hans von Seeckt, der Oberbefehlshaber des Heeres von 1920 bis 1926, hatte nach Wegen gesucht, die Schlagkraft der Armee heimlich zu steigern und so die Beschränkungen des Versailler Vertrags zu umgehen. Dieser schränkte zwar die Zahl der Männer in der Armee ein, legte aber die Art ihrer Ausbildung nicht fest. Aus

Paul von Hindenburg (1847–1934) war das Bindeglied zwischen der alten und der neuen Armee. Hier wird er von Hans von Seeckt, dem Oberbefehlshaber der deutschen Armee von 1920 bis 1926, eskortiert.

Adolf Hitler, Führer der NSDAP, Reichskanzler, Oberkommandierender des OKW und OKH. Er tötete sich im April 1945 in Berlin selbst.

der Gruppe der Freiwilligen, die zum Heer kamen, wählte Seeckt die besten aus und formte aus diesem Truppenkörper einen Führungskader. Zu diesem Zweck wurde jeder von ihnen dazu ausgebildet, die Aufgaben seines unmittelbaren Vorgesetzten erfüllen zu können. Die Offiziere wurden außerdem an technische Institute und Universitäten geschickt, wo sie mit den modernen Techniken der Kriegsführung vertraut gemacht wurden.

Seeckt knüpfte während seiner Amtszeit Verbindungen zur kommunistischen Sowjetregierung. Aufgrund eines Geheimabkommens konnten das deutsche Heer und die gerade entstehende Luftwaffe auf sowjetischem Gebiet jene Kampftechniken entwickeln und üben, die später als „Blitzkrieg" bekannt wurden.

Als die Nationalsozialistische Deutsche Arbeiterpartei (NSDAP) und ihr Führer Hitler am 30. Januar 1933 die politische Macht ergriffen, wurden die ersten Schritte gesetzt, um einen der Hauptpunkte des Nazi-Programms zu erfüllen: „Wir (die NSDAP) verlangen die Absetzung der Söldnerarmee (der Weimarer Republik) und ihre Ersetzung durch ein nationales Heer des Volkes (aus wehrpflichtigen Soldaten)."

Hitler konnte dieses Versprechen innerhalb von zwei Jahren einlösen. Er führte die Wehrpflicht wieder ein und überzeugte das deutsche Volk, daß das Reich unter ihm wieder stark werden und die Armee ihren früheren Platz unter den großen Militärmächten wieder einnehmen würde. In eindrucksvollem Tempo vergrößerte der Führer die schwache Weimarer Streitmacht von sieben Infanterie-Divisionen im Jahr 1933 auf einen mächtigen Truppenkörper von 51 Divisionen im Jahr 1939. Diese bestanden vor allem aus Infanterieverbänden, schlossen aber auch fünf Panzer-, vier leichte oder motorisierte und drei Gebirgs-Divisionen ein.

Zur Unterstützung von Hitlers Wunsch nach Ausweitung der Armee griff das OKW auf ein bestehendes landesweites militärisches Rahmenwerk zurück. Das Reich war in Wehrkreise oder Wehrbezirke gegliedert (siehe Karte gegenüber), die als Verwaltungskörper für die Korps (meist zwei) dienten, die im Bezirk aufgestellt wurden. Die Korps umfaßten Feld- und Reservedivisionen und daneben Ersatzregimenter an Infanterie und Artillerie. Der Wehrkreis war in Friedenszeiten die höchste Ebene der Militärhierarchie und das Korps der oberste Heereskörper im Wehrkreis.

Nach Ausbruch des Kriegs wurden zwei Hauptebenen der Armeehierarchie eingerichtet: die Feld-Armee, meist aus zwei Korps bestehend, und die Heeresgruppe, bestehend

OSTSEE
CHLESWIG
HOLSTEIN
Hamburg
OLDENBURG
X
MECKLENBURG
POMMERN
II
Stettin
Danzig
WESTPREUSSEN
XX
Königsberg
I
OSTPREUSSEN
BIALYSTOK
HANNOVER
Hannover
BRAUNSCHWEIG
XI
ANHALT
BRANDENBURG
Berlin
III
Münster
WESTFALEN
VI
RHEINLAND
Posen
WARTHELAND
XXI
WARSCHAU
Kassel
KURHESSEN
IX
THÜRINGEN
SACHSEN
IV
Dresden
NIEDERSCHLESIEN
Breslau
OBERSCHLESIEN
VIII
RADOM
G. G.
LUBLIN
Wiesbaden
HESSEN
XII
PFALZ
MAINFRANKEN
OBERFRANKEN
XIII
Nürnberg
MITTELFRANKEN
OBERPFALZ
Prag
BÖHMEN
B. u. M.
MÄHREN
Krakau
KRAKAU
GALIZIEN
LOTHRINGEN
ELSASS
BADEN
Stuttgart
V
WÜRTTEMBERG
SCHWABEN
VII
München
OBERBAYERN
NIEDERBAYERN
OBERDONAU
XVII
NIEDERDONAU
Wien
Salzburg
Maßstab
0
100
200
KILOMETER
VORARLBERG
SALZBURG
XVIII
TIROL
STEIERMARK
KÄRNTEN
OBERKRAIN

Wehrkreise.

Grenadiere der „Großdeutschland"-Division rücken vor, um verlorenen Boden wiederzuerobern. Sie überqueren ein mit gefallenen russischen Soldaten bedecktes Gebiet. Der schwarze Streifen am Arm des Grenadiers sollte den Soldaten, der erbeutete russische Kleider trug, als deutschen kennzeichnen.

DIE ARMEEN DES HEERES

Der Mobilmachungsplan sah zehn Armeekommandos vor: 1., 2., 3., 4., 5., 7., 8., 10., 12. und 14. Sodann wurde die 9. Armee geschaffen, ebenso wie die neue 2., 4., 6., 7., 12., 16. und 18. Armee.

Zu Beginn des Kriegs mit Rußland waren die Armeen wie folgt aufgeteilt: Ostfront: 2., 4., 6., 9., 11., 16., 17. und 18.; Westfront: 1., 7. und 15.; Balkan: 12.; Norwegen: die „Norwegen"-Armee.

Nach dem Verlust der 6. Armee in Stalingrad und der 5. Panzer-Armee in Tunesien wurde am 6. März 1943 eine neue 6. Armee aufgestellt, ebenso wie eine neue 8. und 10., 14. und 19. Armee.

Anfang 1944 gab es folgende Infanterie-Armeen: im Osten: 2., 4., 6., 8., 9., 16., 17., 18. und 20. Armee, gemeinsam mit der 1., 2., 3. und 4. Panzer-Armee (die 2. Armee wurde in Ostpreußische Armee umbenannt); im Westen: 1., 7., 15. und 19.; in Italien: 10. und 14.; Balkan: Panzer-Armee Nr. 2; Norwegen: die „Norwegen"-Armee, später die 20. (Gebirgs-)Armee.

Gegen Ende 1944 wurde die Panzergruppe West in 5. Panzer-Armee umbenannt, und die 6. SS-Panzer-Armee und die 11. SS-Armee wurden geschaffen. (Die 11. SS-Armee wurde später ins Heer eingegliedert und folglich der Stärke der SS abgezogen.) Um die Reste der Heeresgruppe Nord (der früheren Heeresgruppe Mitte) herum wurde eine neue 12. Armee geschaffen, eine 21. Armee aus den Überbleibseln der 4. Armee, eine 24. Armee aus dem V. Reservekorps und eine 25. Armee aus dem Kern des Oberkommandos Niederlande und des „Sonderkommandos Narwa". Aus dem, was einmal das XI. Fallschirmjäger-Korps gewesen war, wurde die 1. Fallschirmjäger-Armee gebildet.

In Italien wurde die „Ligurische" Armee geschaffen. Diese war eine gemischte deutsch-italienische Einheit.

HEERESGRUPPEN

Die Heeresgruppen waren große Formationen, die meist nach ihrem Befehlshaber benannt waren und die in ihren Schlachtreihen oft eine zweite Armee hatten. Diese wurde häufig aus den Streitkräften der Verbündeten der Deutschen rekrutiert.

Im Juli 1944 bestand die Heeresgruppe Raus (später Heeresgruppe Henrici) aus der 1. Panzer-Armee und der 1. Ungarischen Armee. Die Heeresgruppe Student umfaßte im November 1944 die 1. Fallschirmjäger-Armee und die 15. Armee. Im Juli 1942 standen unter Befehl der Heeresgruppe Weichs die 2. Armee, die 2. Ungarische Ar-mee und die 2. Panzer-Armee. Im Dezember 1942 befehligte die Heeresgruppe Hoth die 4. Panzer-Armee und die 4. Rumänische Armee. Unter Befehl der Heeresgruppe Fretter-Pico standen im September 1942 die 6. Armee und die 2. Ungarische Armee, später die 5. Armee und die 3. Ungarische Armee. Im März 1945 hatte die Heeresgruppe Balck die 6. Armee und die 3. Ungarische Armee in ihrem Bestand.

Die Heersgruppe Woehler hatte eine Reihe von Schlachtordnungen. Im Frühjahr und Sommer umfaßte sie die 8. Armee und die 4. Rumänische Armee. Dies wandelte sich im Oktober 1944 in die 8. Armee und die 2. Ungarische Armee. Einen Monat später wechselte die Zusammensetzung in die 8. Armee und die 1. Ungarische Armee.

Im Herbst 1942 hatte die Heeresgruppe Ruoff die 17. Armee und die 3. Rumänische Armee in ihrer Schlachtordnung.

Generalfeldmarschall Friedrich Paulus (1890 bis 1957) befehligte die 6. Armee, die im Herbst 1942 Stalingrad angriff, dort eingekesselt und im Februar 1943 vernichtet wurde. Paulus wurde bis 1953 in Rußland gefangengehalten und starb vier Jahre später in der DDR.

Die Heeresgruppe Ligurien in Italien bestand aus der Ligurischen Armee und der 14. Armee.

DIE ORGANISATION DES HEERES

Als 1935 die allgemeine Wehrpflicht wiedereingeführt wurde, ging man sogleich daran, sorgfältig Pläne zu erstellen, die eine ähnliche Konfusion wie bei der Generalmobilmachung 1914 verhindern helfen sollten. Als damals die Mobilisierungsbefehle ausgegeben worden waren, hatten sich in den Anfangsphasen so viele Männer gemeldet, daß die Abwicklung der Einberufungen bei der Reichswehr durcheinandergeriet. Bis

1938 hatte das Dritte Reich seine Mobilisierungspläne ausgearbeitet; man brauchte sie nur noch anzuwenden. Der wichtigste Punkt dabei war, daß die zukünftigen Soldaten Deutschlands in „Wellen" von Jahrgängen einberufen werden sollten: Darunter verstand man Männer gleichen Alters, die dasselbe Niveau militärischer Ausbildung in der Hilterjugend oder im Reichsarbeitsdienst (RAD) erworben hatten.

Im letzten Friedensjahr wurden die Mobilmachungspläne schrittweise in die Tat umgesetzt. Unter den ersten Gruppen der Einzuberufenden befanden sich die Männer der ältesten Jahrgänge, die schon irgendeine Form des Militärdienstes absolviert hatten. Ihre Einberufung sollte eine Art von Auffrischungskurs darstellen. Als Folge dieses langsamen und sorgfältigen Einberufungsprozesses konnte das Heer zur Kampfstärke aufgebaut werden, ohne daß dabei das zivile Leben in Deutschland gestört wurde.

Das Einziehungsschema funktionierte in den ersten Kriegsjahren so gut, daß sogar Männer wegen ihres Berufs oder aus Gesundheitsgründen aus dem Dienst entlassen werden konnten. Im Kaiserreich war es gängige Praxis gewesen, daß Studenten und Angehörige bestimmter Berufsgruppen ihre Einberufung aufschieben oder sogar umgehen konnten. Die Naziregierung behielt dies bei, und am Ende des Frankreich-Feldzuges konnte Hitler sogar eine Reihe von Männern der älteren „Wellen" abrüsten lassen.

Dieses flexible Gestellungssystem wurde beibehalten, bis Deutschland sowohl an der Ost- wie auch an der Westfront eine Reihe schwerer Niederlagen erlitt. Danach wurden nicht nur die abgerüsteten Männer wieder zu den Fahnen gerufen, sondern auch die oberen und unteren Altergrenzen geändert. 1943 zwang das Scheitern der deutschen Sommeroffensive bei Kursk (Operation ZITADELLE) das Heer in die Defensive. Die schweren Verluste führten zur Transferierung ganzer Einheiten der Luftwaffe und Marine ins Heer und auch in die SS, da die zahlenmäßige Stärke des Feldheeres anders nicht aufrechtzuerhalten gewesen wäre.

So überzeugend diese Maßnahmen auch waren, sie konnten die fortgesetzten Verluste nicht abdecken. Die Verschlechterung der Lage zwang Hitler, frühere Ausnahmeregelungen wieder abzuschaffen. Auch Männer, die als letzte überlebende Söhne der Familie oder Väter großer Familien vom Frontdienst ausgenommen gewesen waren, wurden nun einberufen.

Männer, die zuvor aus medizinischen Gründen entlassen worden waren, wurden im Dienst behalten und zu Bataillonen oder sogar Regimentern von Soldaten mit denselben Verwundungen oder Krankheiten zusammengefaßt. So trafen die Alliierten, die im Juni 1944 in die Normandie einfielen, auf ganze Formationen deutscher Soldaten mit Magenleiden oder Gehörproblemen. In den späteren Kriegsjahren konnten zwangsweise Aushebungen noch eine Reihe von Männern an die Front bringen, doch die Knappheit wurde nicht einmal durch die Aufstellung des „Volkssturms" (für die Nazipartei das Massenaufgebot der Zivilisten) behoben.

Einer der Hauptpunkte der Politik des deutschen Heeres war gewesen, daß für den Dienst nur deutsche Bürger erwünscht waren. Dies änderte sich 1942 dramatisch: Auch ausländische Freiwillige konnten angeworben werden. Dies hatte schon davor die Waffen-SS so gehandhabt, die – unberührt von der restriktiven Politik der Wehrmacht – bereits seit 1940 Ausländer rekrutierte. Das Ausmaß dieser Rekrutierungskampagne sieht man an der Zahl der aufgestellten Waffen-SS-Divisionen: 39. Aufschlußreich sind die Bezeichnungen der verschiedenen Einheiten der Waffen-SS. Die Divisionsbezeichnungen beschrieben drei Arten von Mitgliedern: Reichsdeutsche (geboren innerhalb der Grenzen des Reichs von 1938); Volks-

Vorrückende Infanterie im Juli 1941, in der Anfangsphase des Kriegs gegen Rußland.

deutsche (außerhalb der Grenzen von 1938 lebende Personen deutscher Abstammung) und schließlich ausländische Freiwillige.

Die Verbände der Reichsdeutschen wurden einfach durch Name und Art beschrieben – Jäger oder Panzer. Die volksdeutschen Einheiten trugen im Namen das Wort „Freiwillige" (z. B. die 7. SS Freiwillige Gebirgs-Division „Prinz Eugen"), während ausländische Einheiten das Wort „Waffen" aufwiesen, wie etwa die 13. Waffen-Gebirgs-Division der Kroatischen SS „Handschar" Nr. 1. Eine Ausnahme von dieser Regel bildete die 5. SS Panzer-Division „Wiking", die weder aus Volks- noch aus Reichsdeutschen, sondern aus Ausländern (Norwegern, Dänen und Holländern) bestand und nicht die Unterscheidung „Freiwillige" aufwies.

Als das Heer mit der Rekrutierung von Ausländern begann, beschränkte es sich dabei vor allem auf asiatische, nicht-russische Bewohner der Sowjetunion, die zu Infanterie-Divisionen gebildet wurden. Später wurde von den Befehlshabern des Heers auch eine Kavallerie-Division aus Kosaken aufgestellt.

Bis zu einem gewissen Grad konnte die abnehmende Mannschaftsstärke an der Front durch neue Waffen mit schnellerer Feuerkraft ausgeglichen werden. Weniger Soldaten erbrachten dadurch die gleiche Feuerkraft wie vorher eine stärkere Mannschaft. Doch dieser Vorteil durch Schnellfeuergeschütze war nur kurzlebig, da das Oberkommando der Roten Armee eine massive Verstärkung der sowjetischen Partisanenangriffe befahl. Um diesen Aufruhr im Rücken des Heeres zu bekämpfen, mußten ganze Divisionen deutscher Soldaten von der Front abgezogen werden, ein Verlust an Mannschaftsstärke, den auch die Schnellfeuergeschütze nicht ausgleichen konnten.

Hier muß noch ein Aspekt der Struktur des OKH in Kriegszeiten erklärt werden. War es in Friedenszeiten ein einzelner Körper gewesen, so teilte es sich bei der Mobilmachung auf. Einen Teil bildete das Feldheer, den zweiten das Ersatzheer. Dessen Aufgaben

Adi Strauch in einer Maschinengewehr-Stellung an der Ostfront (Winter 1941/42). Die Waffe ist ein schweres Maschinengewehr MG 34, die Stellung befindet sich am Fluß Mius.

umfaßten die Ausbildung von Reservisten für das Feldheer, Verwaltung und Dokumentationstätigkeiten. Die Trennung in Feld- und Ersatzheerformationen begann auf Regimentsebene und reichte bis zum Korps. Bei den größten Formationen, den Armeen und Heeresgruppen, bestand diese Trennung nicht. Mit Kriegsausbruch begleiteten die Kampfabteilungen des Oberkommandos das Feldheer, während die Offiziere und die Organisation des Ersatzheers in Deutschland blieb.

Jeder Formation im Feldheer entsprach eine kleinere Ersatzeinheit. So hatte ein Infanterie-Regiment als Ersatzeinheit ein Infanterie-Bataillon, das dieselbe Zahl trug. Das Bataillon bildete die Neueingezogenen lange und sorg-fältig aus und versetzte sie bei Anforderung von der Ersatz- zur Feldeinheit. Zur Ersatzeinheit kehrten auch die Verwundeten, sich Erholenden und die aus den Spitälern Entlassenen zurück. Dieses System von Kampfeinheiten im Feldheer und einer Ersatzeinheit in Deutschland zur Ausbildung neuer Soldaten funktionierte so lange ausgezeichnet, bis wegen Mannschaftsknappheit auch nur teilweise ausgebildete Ersatzeinheiten zum aktiven Kampf in Anti-Partisanen-Einsätze geschickt werden mußten.

Im Feldheer gab es eine weitere verwaltungstechnische Gliederung. Das deutsche Heer unterschied genau zwischen Operationsgebiet (der Kampfzone), Heimatgebiet und einem Pufferbereich, dem Gebiet der Kriegsverwaltung. Diese wurde auch „das besetzte Gebiet" genannt. Das Operationsgebiet war in das „Gefechtsgebiet" und das „Rückwärtige Gebiet" geteilt.

Um die Oberkommandeure der Kampfeinheiten nicht mit den lästigen Einzelheiten der täglichen Verwaltung zu belasten, wurde das Rückwärtige Gebiet von Einheiten verwaltet, über die die Kampfkommandeure wenig bis keine Kontrolle hatten.

Diese Aufteilung der Verantwortlichkeiten zeigt die klare Grenze, die das deutsche Heer zwischen Aufgaben und Befehlsgewalt des Feldkommandeurs und den Aufgaben und Verantwortlichkeiten des Rests des Heers, besonders des Ersatzheers, zog.

Kapitel zwei

Die Befehlsstruktur

Hitler, das OKW und das OKH

Eine Nation im Krieg muß die totale Unterstützung ihrer Zivilbevölkerung haben, muß sicherstellen, daß ihre Bauern die Leute ernähren, ihre Fabriken die Waffen und Maschinen für den Kampfeinsatz produzieren können. Die Führer des Dritten Reichs konnten im Zweiten Weltkrieg darauf vertrauen, daß die überwältigende Mehrheit der Volksmassen hinter ihnen stand und genug zu essen haben würde. Bezüglich der Waffenproduktion war die Lage weniger befriedigend. Ein Volk im Krieg muß auch, was die

Während des Westfeldzuges 1940 errichtete Hitler ein vorgeschobenes OKW-Feld-Hauptquartier. Hier sieht man einige der Offiziere dieses HQ, darunter in der ersten Reihe drei Männer mit Kappen. Sie sind von links nach rechts: Keitel, Hitler und Jodl.

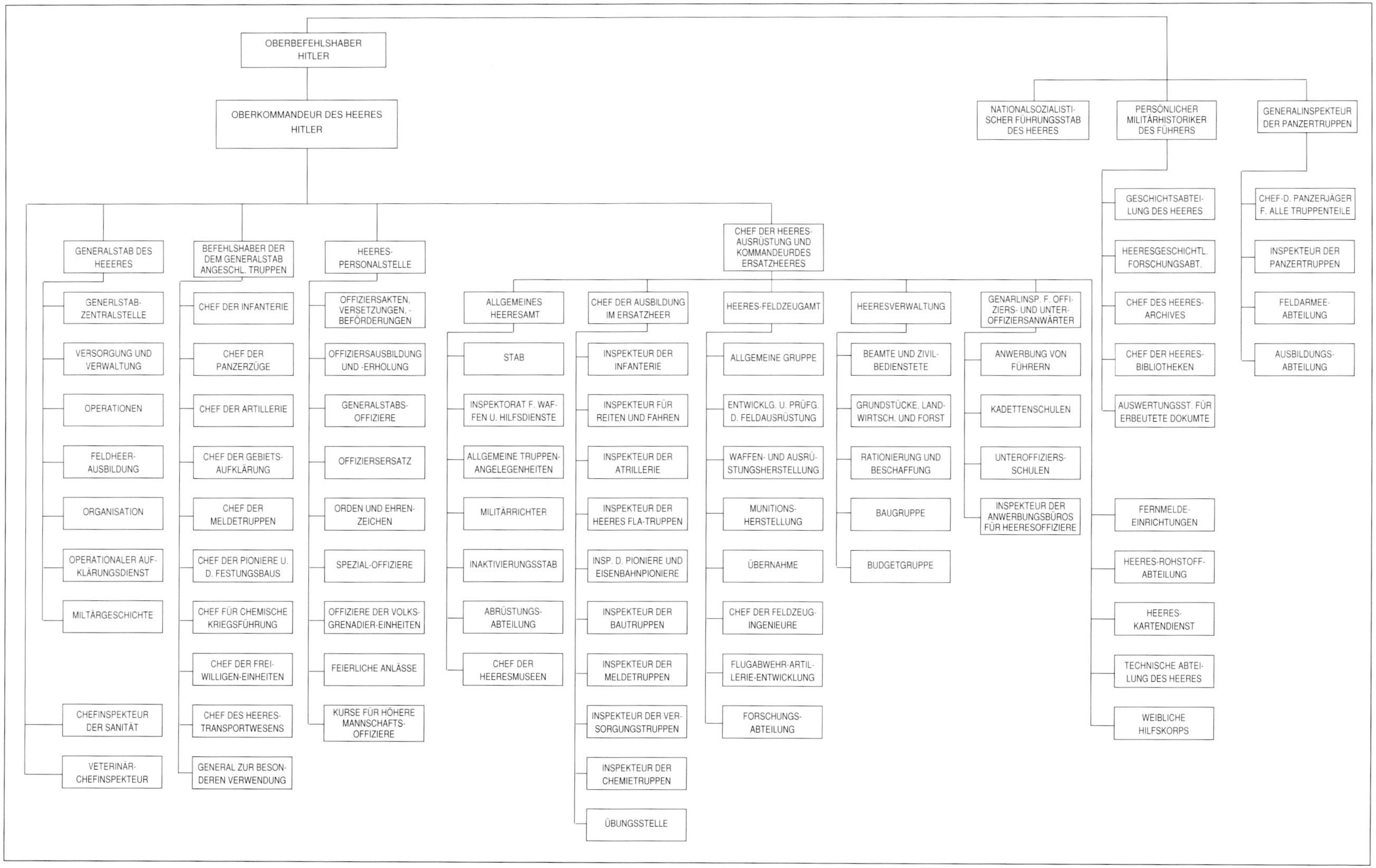

Struktur des OKW/OKH.

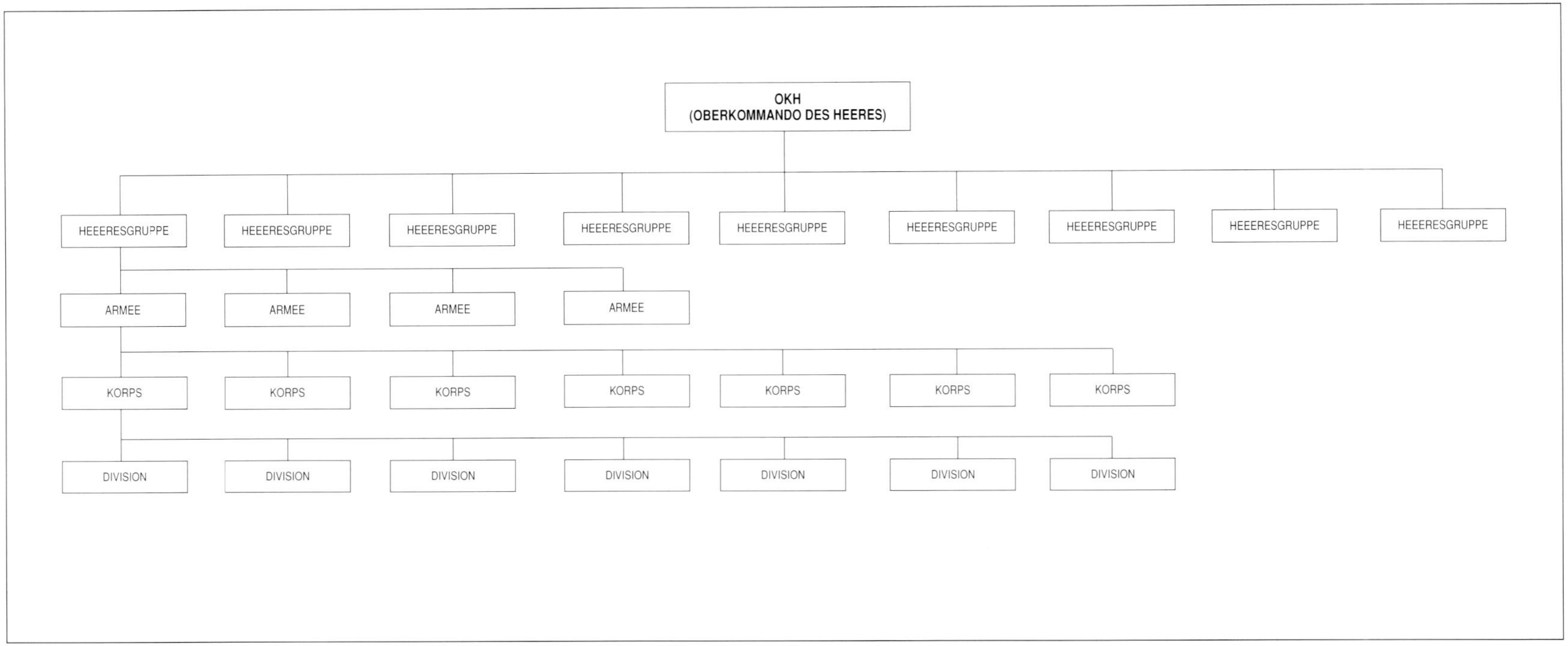

Organisation des OKH.

General Ludwig von Beck (1881–1944), Generalstabschef des Heeres 1935, versuchte das Heer gegen Hitlers Forderungen zu verteidigen. Nach seinem erzwungenen Rücktritt im August 1938 wurde er das nominelle Haupt der Verschwörer des Bombenanschlags von 1944. Als dieser scheiterte, versuchte er sich zu töten, wurde aus seinem Haus gezerrt und erschossen.

strategischen Rohstoffe betrifft, die zur Führung des Kriegs entscheidend sind, unabhängig sein oder einen ununterbrochenen Zufluß dieser sicherstellen können.

Das Dritte Reich war in dieser Hinsicht schon vor dem Krieg nicht unabhängig, und obwohl Hitler befahl, dieser Status müsse bis Anfang 1940 erreicht sein, konnte das nicht gelingen. Deutschland hatte einfach nicht die Rohstoffe und auch nicht das Geld, sie zu kaufen. Doch hätte es auch eines davon gehabt, so gab es doch eine politische Schranke, die den Vormarsch zur Autarkie aufgehalten hätte. Hitler hatte ins deutsche Leben das Führerprinzip eingeführt. Danach floß alle Macht von einem einzelnen – ihm selbst – durch die Schicht der niedrigeren Führer bis ins gemeine Volk. Dieses Prinzip funktionierte auch umgekehrt. Den Befehlen der niedrigeren Führer wurde gehorcht, als ob sie von Hitler selbst kämen. Ein solches System der direkten und festen Kontrolle hätte vielleicht erstklassige Resultate gezeigt, wenn sich die Funktionäre effizient der Sache Deutschlands hingegeben hätten. Doch viele taten das nicht, sie waren nur an der Sache der Nazipartei oder an ihrem Aufstieg in der Hierarchie interessiert. Viele waren bestechlich.

Das Konzept eines nationalen Kriegsplans mit der Beschaffung von Rohstoffen, der Produktion von Waffen und Intensivierung der Landwirtschaft, die alle mit dem Ziel der Unterstützung der Streitkräfte zusammenarbeiten sollten, war ausgezeichnet. Doch wegen Bestechlichkeit und Eigennutz konnte es nicht funktionieren. Tatsächlich wurde es auf der Verwaltungsebene durch Hitlers anderes Prinzip „Teile und herrsche" behindert, das vermeiden sollte, daß irgendein Minister zuviel Macht erlangte. Auch konnte Hitler weder alles überblicken noch rasch Entscheidungen treffen. So übertrug er Männern Aufgaben, die dafür unfähig waren. Am Ende herrschte Chaos.

Man bedachte etwa Deutschlands strategische Erfordernisse an Stahl, Öl und Nickel zuwenig. Das zwang das Reich, entweder politischen Druck auf seine Nachbarn auszuüben, um die nötigen Zulieferungen zu erhalten, oder beim Scheitern der Diplomatie auf Militärinvasionen zurückzugreifen. Nicht einmal, als durch die Invasion in und Besetzung von Norwegen der Zufluß von Eisenerz aus Skandinavien gesichert war, konnte die erforderliche Menge geliefert

Ernste Gesichter beim Gespräch 1944 in Rastenburg über den mißglückten Bombenanschlag. Die vier Männer in der Mitte sind von links nach rechts: Hitler, Mussolini, Bormann und Keitel.

werden – ein Mangel, der sich durch Streitereien um die Priorität zwischen den verschiedenen Stellen noch verschärfte. Das Konzept eines Volkes, das vereint auf jedem Gebiet angestrengt für eine gemeinsame Sache arbeitet, war tadellos. Auf der Ebene der Streitkräfte sollte es auf sicherem Boden stehen. Logischerweise sollten die Truppen unter einer einzigen Befehlsstruktur vereinigt sein. Doch das Heer, eines der Hauptmachtinstrumente in Deutschland, dachte anders. Hitler merkte, daß von den drei Truppenteilen das Heer am konservativsten dachte und sich dem Wunsch nach einem einheitlichen Kommando am stärksten widersetzen würde. Er beschloß, diese Opposition zu zerschlagen.

1938 stiftete er eine Reihe von Krisen an, in die höhere militärische Kommandeure verwickelt waren. Dadurch wurden die Gegner seiner Politik, doch auch der Oberbefehlshaber der Reichswehr, von Blomberg, ein eifriger Anhänger Hitlers, beseitigt. Dessen Posten sollte nun sein Kandidat, von Brauchitsch, erhalten. Dazu mußte dieser in engere Beziehungen zur Nazipartei treten, einen Militärkörper wie das Oberkommando der Wehrmacht akzeptieren, dem das Oberkommando des Heeres untergeordnet war, und schließlich bestimmte Militärbefehlshaber zum Rücktritt bringen. Brauchitschs Unterwerfung unter Hitlers Bedingungen kostete das Heer seine Unabhängigkeit und brachte es unter die politische Kontrolle der Nazipartei. Um die Marine und die Luftwaffe mußte sich Hitler keine Sorgen machen: beide waren nationalsozialistisch eingestellt. Er war überzeugt, daß das deutsche Militär-

Generalfeldmarschall Wilhelm Keitel (1882–1946) war von 1938 bis 1945 Generalstabschef des OKW. Zu Kriegsende organisierte er die Kapitulation der Wehrmacht. Danach wurde er in Nürnberg als Kriegsverbrecher schuldig gesprochen und gehängt.

Generaloberst Alfred Jodl (1890–1946) war von 1939 bis Kriegsende Chef des Wehrmachtsführungsamtes (seit 1940 Wehrmachtführungsstab). Er wurde in Nürnberg wegen Kriegsverbrechen angeklagt, für schuldig befunden und gehängt.

für die Arbeit in den Rüstungsfabriken einzusetzen, und sicher keine klare Idee, wie oder wo die begrenzten Ressourcen des Reiches zuzuteilen seien. Das Problem der Prioritäten wurde nie zufriedenstellend gelöst, statt dessen wurden während des ganzen Kriegs große Mengen an knappen Rohmaterialien und Mannschaften für nutzlose Projekte verschwendet, die sich Hitler und seine Genossen ausdachten.

So hing das Feldheer mit seinen Waffen und Fahrzeugen von einer Rüstungsindustrie, die nicht auf seine Bedürfnisse eingestellt war, und von einer Führung ab, die die nationale Wirtschaft nicht vorbereitet hatte. Hitler hatte keine großen Reserven an strategischen Kriegsmaterialien für nötig gehalten, da er dachte, der Krieg würde nicht lange dauern. Sein Hauptplan scheint eine Reihe von kurzen, harten Feldzügen gewesen zu sein, jeder gefolgt von der Plünderung des besetzten Landes und einer nachfolgenden Neuausrüstung und -organisation der Truppen, ehe die nächste Auseinandersetzung begonnen wurde. Große Rohstoffreserven schienen daher ein Luxus.

Hitler wurde in seiner Torheit durch die Unterwürfigkeit seiner militärischen Oberbefehlshaber bestärkt. Sie hatten vor dem Krieg erlebt, wie er gegen ihren professionellen Rat auf politisch-diplomatischem Feld ohne Krieg eine Reihe von überraschenden Erfolgen errungen hatte.

Als der Krieg kam, hielten die Generäle Hitler auch auf militärischem Gebiet für ein Genie, da sich bei den ersten Kämpfen im Feld seine strategischen Entscheidungen als richtig erwiesen hatten. Unter anderem hatte er von Mansteins Strategie für den Feldzug in Frankreich und Flandern 1940 unterstützt, die den Krieg im Westen innerhalb von Wochen entschieden hatte. Ende 1941, als die sowjetische Gegenoffensive im Winter das deutsche Heer zum Rückzug gezwungen hatte, entließ Hitler von Brauchitsch, übernahm persönlich den Oberbefehl und stabilisierte die wankende Front. Er war nun sowohl Oberbefehlshaber des OKW wie des OKH.

In den ersten Jahren seiner Führerschaft hatte er sich nicht direkt in militärische Angelegenheiten eingemischt, obwohl er strategische und taktische Ideen vorbrachte. Während des Kriegs aber wurde er unabhängiger und begann, militärische Operationen zu planen. Guderian schrieb nach dem Krieg, daß Hitler, der vorher für praktische Erwägungen zugänglich war, immer selbstherrlicher wurde. Seine Minister arbeiteten nach den Richtlinien, der er jedem individuell vorgegeben hatte. Es gab keine kollektive Prüfung der Hauptlinien der Politik. Die totale Verantwortung für jeden Aspekt des Kriegs lag in den Händen Hitlers, eines Politikers, für den die Nazipartei, deren Führer er war, wichtiger war als die Streitkräfte. Er plante Offensiven, ohne die Bedeutung seiner Aktionen zu sehen, und wies jede Verantwortung von sich, wenn sie scheiterten.

Als sich die Kriegslage immer mehr verschlechterte, nahmen die Eingriffe Hitlers in die Durchführung von Militäroperationen zu. Wir sahen, daß er von Brauchitsch entließ, dann das OKH vom OKW trennte und seine Zuständigkeit auf die Operationen an der Ostfront beschränkte. Er und das OKW übernahmen die Planung und Ausführung der Operationen an allen anderen Kriegsschauplätzen. Als Chef des OKH plante er die Sommeroffensive von 1942, die direkt in das Debakel von Stalingrad führte. In der Planungsphase der Ardennenoffensive überwachte er persönlich die Festlegung der Straßen, auf denen die Panzerkolonnen vorrücken sollten, und verbot jedes Abweichen von seinen Befehlen.

Generalfeldmarschall Erich von Manstein (1887–1973). Er befehligte das LVI. Panzer-Korps in Rußland, dann die Heeresgruppe A auf der Krim und schließlich die Heeresgruppe Don. Im März 1944 wurde er seines Kommandos enthoben, nachdem seine Truppen bei der Kursk-Offensive 1943 schwere Verluste erlitten hatten.

Betrachtet man die Strukturen und Aktionen des deutschen Oberkommandos, so war das OKW eine verwickelte Hierarchie von geschickten Stäben mit dem Dilettanten Hitler als Oberbefehlshaber. Er befehligte ein Stabssystem, das sich unter anderem mit der strategischen Politik auf nationaler Ebene befaßte.

Die Befehlskette ging vom OKW zum Oberkommando der jeweiligen Truppenteile – in diesem Fall dem OKH, dessen höchster Offizier einem Generalstab vorstand, der verantwortlich dafür war, den Plan des OKW im Detail durchzuführen.

Die Anweisung, einen neuen Krieg zu beginnen oder eine neue Offensive zu unternehmen, kam vom Oberbefehlshaber Adolf Hitler. Das Grundkonzept wurde dem Wehrmachtsführungsstab übergeben, der einen Hauptplan entwarf und diesen an die Oberbefehlshaber der einzelnen Truppenteile weitergab.

Theoretisch war dies eine ausgezeichnete Einrichtung, praktisch aber scheiterte sie an der Rivalitäten zwischen den Truppenteilen und daran, daß die einzelnen Chefs der Streitkräfte den persönlichen Kontakt mit Hitler pflegten und dadurch das OKW aus den Besprechungen mit ihm ausschlossen.

Bei den westlichen Alliierten herrschte der Irrglaube, die deutschen militärischen Erfolge beruhten auf dem glatten Funktionieren des OKW. Doch funktionierte dieses weder so glatt, wie die Alliierten dachten, noch so wirkungsvoll, wie es sollte. Es war zerrissen durch Rivalitäten zwischen den Truppenteilen und persönliche Ambitionen und zusätzlich durch Hitlers Trägheit.

Als Hitler das OKH übernahm, bemerkte er doppelte Aufgabenbereiche in beiden Oberkommandos und änderte rasch die Strukturen. Die Tafeln auf den Seiten 14 und 15 zeigen die Zusammensetzung der beiden Körper in den letzten Kriegsjahren.

Die Spannungen zwischen den Oberkommandos und der Nazipartei verschlimmerten sich nach dem fehlgeschlagenen Attentat vom Juli 1944. Hitler verlor nun jedes Vertrauen in die militärischen Führer und beförderte seine politischen Genossen auf sehr hohe militärische Posten. So wurde dem Reichsführer SS Himmler das Kommando über das Ersatzheer übertragen, und Parteiführer im Rang eines Gauleiters durften Entscheidungen von höheren Heereskommandeuren innerhalb ihres Gaues aufheben. Gegen Kriegsende wurde der nationale „Volkssturm" organisiert, ohne daß das Heer beteiligt oder gar gefragt worden wäre.

Hitler hatte es geschafft, das OKW zu einer Militärbehörde zu reduzieren, deren Befugnis bloß darin bestand, die von ihm befohlenen Pläne zu koordinieren und seine Wünsche ohne Kommentar auszuführen. Dies widersprach dem traditionellen Begriff des Heeres, denzufolge seine Stabsoffiziere die Pflicht hatten, jeden Befehl, den sie für militärisch mangelhaft hielten, zu beeinspruchen. Noch Schlimmeres stand bevor. Am Ende wurde jeder Einwand gegen einen Führerbefehl bestenfalls als Meuterei, schlimmstenfalls als Verrat angesehen. Keitel und Jodl teilten diesen Standpunkt bis zum Kriegsende. So wurden sowohl das OKW als auch das OKH zu bloßen Gummistempeln für Hitlers Befehle, und die Stabsstruktur, die über einen Zeitraum von anderthalb Jahrhunderten aufgebaut worden war, wurde in wenigen Jahren zertrümmert.

Dies fordert natürlich die Frage heraus, wie das deutsche Heer so lange und aggressiv kämpfen konnte, daß es bis Dezember 1944 (sechs Monate vor Kriegsende) eine mächtige Kraft blieb, die die Alliierten überraschen und Siege auf taktischer und strategischer Ebene erringen konnte.

Die Antwort lautet, daß die Offiziere der mittleren und unteren Befehlsränge in den Vorkriegsjahren ausgebildet worden waren. In der Ära Seeckts wurden alle Offiziere darauf vorbereitet, die Stellen ihrer unmittelbaren Vorgesetzten einzunehmen. Die Offiziere, die zu jener Zeit Stabsausbildung erhalten hatten, konnten den Männern, die ihnen nachfolgten, eine allgemeine Befehlshaltung beibringen. So gab es immer ein breites Spektrum von gut ausgebildeten Stabsoffizieren, deren Fähigkeiten das ganze System durchdrangen. Daß sich das deutsche Heer bis Kriegsende so gut hielt, war nicht dem OKW zu verdanken. Eher verhielt es sich *trotz* der Bemühungen dieses Körpers so.

Die ersten Tage in Rußland. Ein berittener Offizier an der Spitze seiner Einheit, die 1941 in die Weiten der Sowjetunion vorrückt.

DOKTRIN

In den Jahren vor, während und nach dem Krieg glaubten viele Alliierte, der deutsche Soldat sei ein engstirniger Tölpel, voll Angst vor der Gestapo oder SS und auf blinden Gehorsam auf allen militärischen Ebenen gedrillt. Wer aber in diesem Krieg gegen ihn kämpfte, sah, daß er weder ein gehirnloser Automat noch ein verrückter Fanatiker war, sondern eher ein geschickter Gegner, der gelernt hatte, seinen Unternehmungsgeist zu einzusetzen, und der für sein Land auch ohne ihn antreibenden Terror kämpfte.

Die Ausbildung – und das kann nicht zu oft betont werden – war das Schlüsselelement in der deutschen Kriegsvorbereitung. Sie war für die militärische Lage von überragender Bedeutung.

Von Gneisenau, ein preußischer Militärtheoretiker, hatte im preußischen Heer die „Intention", einen Plan, anstelle des direkten Befehls eingeführt. Diese „Intention" sollte ganz klar und verständlich formuliert sein und Platz für persönliche Initiative und Handlungsfreiheit lassen.

Diese Vorstellung davon, wie eine Mission durchzuführen sei, wurde vom älteren Moltke erweitert. Er sah, daß die Umsetzung der Doktrin von Gneisenaus erforderte, daß die Befehlshaber jeden Ranges sorgfältig und speziell ausgebildet sein mußten, um die ihnen gesteckten Ziele erreichen zu können.

Von Seeckt, der die Reichswehr in den Jahren der Weimarer Republik befehligte, machte es zur Regel, daß jeder Soldat so ausgebildet wurde, daß er die Pflichten seines unmittelbaren Vorgesetzten über-

General Johannes von Blaskowitz (1884–1946) befehligte eine Armee in Polen und im Krieg in Rußland. Hierauf leitete er eine Heeresgruppe in den Niederlanden. Blaskowitz tötete sich, ehe ihn die Alliierten als Kriegsverbrecher verurteilen konnten.

Generalfeldmarschall von Bock (1880–1945) hatte in den Feldzügen gegen Polen, Frankreich und Rußland eine Stelle im Oberkommando. Er wurde 1941 von Hitler entlassen und gegen Ende des Kriegs bei einem Luftangriff getötet.

nehmen konnte. Als Folge dieser Art von Ausbildung konnten die Offiziere, vor allem die des Generalstabs, eine Situation sachverständig einschätzen und klare, knappe Befehle erteilen. Alle Offiziere wurden ständig weitergeschult, indem sie zwischen Feldkommandos und Stabsstellen wechselten. Dies stellte sicher, daß sie den Kontakt mit den Frontsoldaten nicht verloren. So konnten sie die Probleme, mit denen sie einmal konfrontiert sein würden, theoretisch und praktisch meistern.

Eine so sorgfältige Ausbildung ermöglichte es einem Kommandeur, ein Problem einzuschätzen und sich eine Meinung darüber zu bilden, wie eine Mission durchgeführt werden sollte. So blieben die Aktionen auf dem Schlachtfeld flexibel, weil alle Ränge die Absicht der Mission kannten. Als alliierte und deutsche Soldaten aufeinandertrafen, merkten die Alliierten, daß sie nicht gegen dumpfe deutsche Maschinen, sondern gegen einen Feind kämpften, der geübt war, eine Mission zu durchdenken, sie voranzutreiben und ihre Möglichkeiten auszuschöpfen, um sie zum Erfolg zu führen.

Darin bestand der Kern der „Auftragstaktik“ (der Formulierung einer Mission mit

Schwerpunkt auf das zu erzielende Resultat) im Gegensatz zur Befehlstaktik (kompromißloses Ausführen von Befehlen). Die Auftragstaktik zwang die Befehlshaber, Entscheidungen mehr oder weniger in eigener Initiative zu treffen. Durch ihre Ausbildung und als Folge von Militärmanövern, die auf jeder Befehlsebene stattfanden, lernten die Offiziere, nur die wichtigsten Befehle zur Ausführung einer gestellten Aufgabe auszugeben und die Durchführung den Untergebenen zu überlassen. Der Kommandeur einer Mission war also frei in der Wahl der anzuwendenden Waffen und der verwendeten Taktiken.

Am Beispiel der Landung bei Anzio 1944 läßt sich die flexible deutsche Auftragstaktik mit der komplizierteren amerikanischen Taktik der detaillierten Befehle vergleichen. Der amerikanische Kommandeur hatte den Befehl erhalten, zu landen und sich gegen eventuelle deutsche Gegenangriffe zu verteidigen. Die Landetruppen trafen auf keinen Gegner, der sie herausforderte, blieben aber trotzdem stehen und warteten, bis der Gegenangriff kam.

Ein deutscher Befehlshaber hätte in einer solchen Lage die Schwäche des Gegners ausgenutzt und wäre gegen Rom vorgestoßen. Von Moltke stammte auch das Axiom, daß kein Schlachtplan das erste Treffen überlebt. Um die Unwägbarkeiten des Schlachtfeldes zu meistern, lernte der Befehlshaber, anpassungsfähig zu sein und jedes Problem erst bei seinem Auftauchen zu beurteilen.

Als Folge dieser Ausbildung wechselte das deutsche Heer, als es sich nach 1943 in der Defensive befand, rasch von der Schaffung von Schwerpunkten in einer Angriffssituation zu solchen in der Verteidigung. Aufgrund dieser Schwerpunkte konnten die Panzer-Divisionen zur Unterstützung der Verteidigung verlegt werden, und durch sie konnte der Feind immer noch dem Willen des deutschen Heeres unterworfen werden, obwohl der Gegner größere Materialreserven hatte.

Der Erfolg der Schwerpunkttaktik hing vor allem von der Fähigkeit des Stabes und der Kampfkraft der Truppen ab – und beide beruhten auf sorgfältiger und intensiver Ausbildung.

KAPITEL DREI

DIE INFANTERIE

Im deutschen Heer bestand dieser Truppenteil aus schwerer Infanterie, leichten (Schützen-)Einheiten, Sicherungs- oder Polizeiabteilungen und verschiedenen Arten von Jägerformationen. Ebenfalls zu diesem Truppenteil gezählt wurden die paramilitärischen Frontsicherungsabteilungen, die Festungsformationen und die ausländischen Freiwilligen, besonders die aus der Sowjetunion.

Die normalen schweren Infanterie-Divisionen hatten die übliche Form jeder nationalen Armee, während jene Einheiten, die man in Deutschland als leichte Infanterie ansah, in der britischen Armee Schützenregimenter genannt worden wären. Die Jägerformationen kamen der britischen leichten Infanterie gleich. Im deutschen Heer behielt man die Unterschiede in der Einheitengliederung und Schlachtfunktion zwischen den verschiedenen Arten der Infanterie bei, da jeder Typ von Infanterie-Kampfgruppe in der spezifischen Rolle, die er auf dem Schlachtfeld zu spielen hatte, gesehen wurde. Seine Ausrüstung war für diese Rolle maßgeschneidert.

Die Infanterie des deutschen Heeres war stets als der herausragende Truppenteil angesehen worden. Man nannte sie deshalb auch die „Königin der Waffen". Jedenfalls enthielt sie von allen Kampftruppen die größte Mannschaftszahl, und durch ihre Kampfkraft hatte Deutschland früher Schlachten und Kriege gewonnen. Reiberts *Der Dienstunterricht im Heer*, das Handbuch des

Diese Zeichnung von Georg Slytermann zeigt einen Gefreiten des Heeres in Kampfausrüstung. Im Gürtel trägt er eine Stab-Handgranate, deren Stiel hinter seiner Gewehrmunitionstasche ist. Auf dem Rücken hat er Eßkonserven und darunter eine Zeltbahn, die das „Sturmgepäck" enthält. Über die Schultern laufen weiße Riemen, an denen die Ausrüstung hängt. An der rechten Hüfte trägt er ein kombiniertes Bajonett und Grabwerkzeug, dahinter eine Wasserflasche mit Trinkbecher. Hinten sieht man die Gasmaske in ihrem gewellten Behälter.

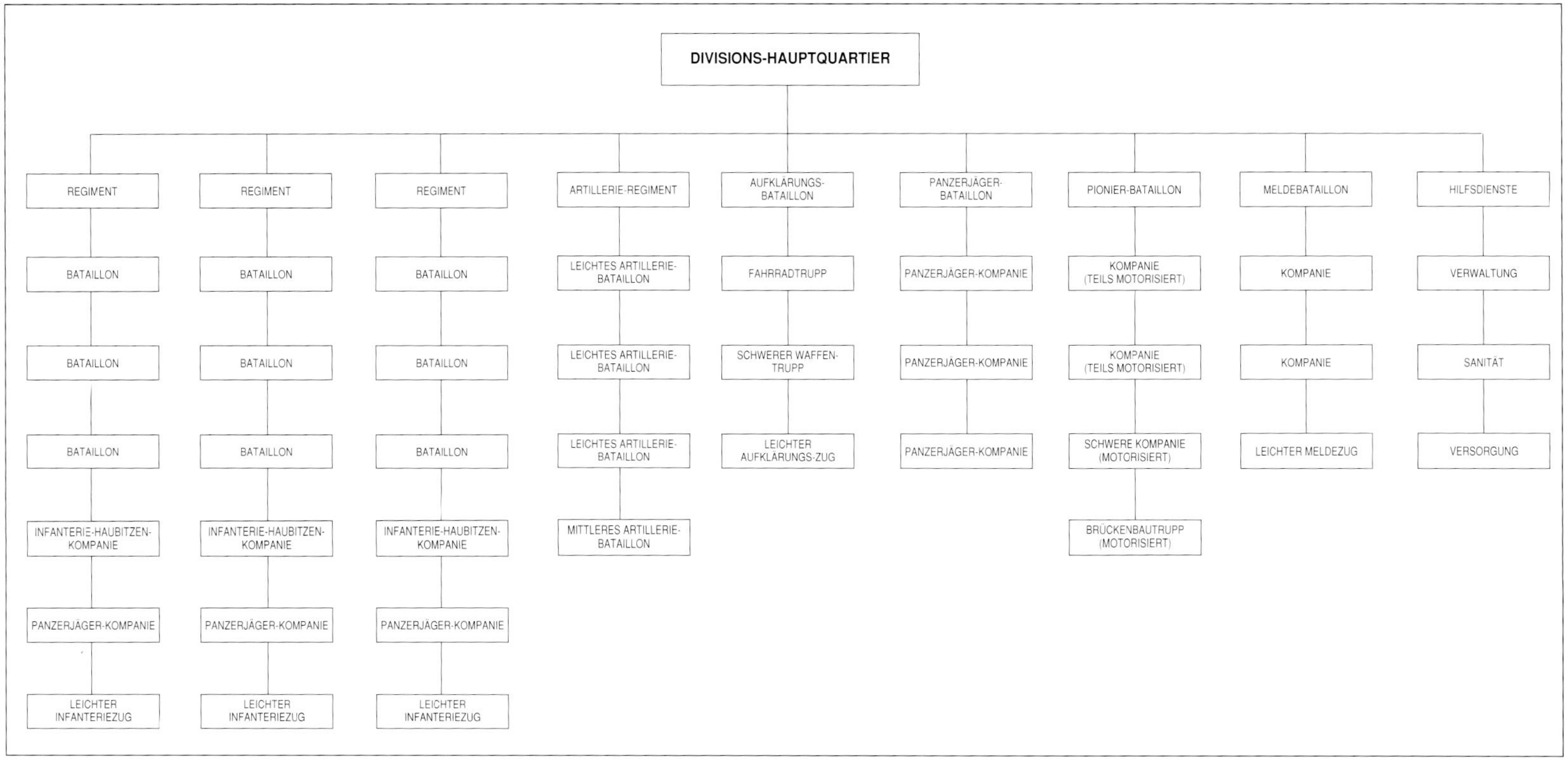

Infanterie-Division, Standardschema.

542, 545, 547–549, 551, 553, 558–563, 565–588 und 708.

Die zwei Infanterie-Divisionen, die wir stellvertretend für viele vorstellen wollen, sind die 44. Reichsgrenadier-Division und die 78. Sturm-Division.

DIE 44. REICHSGRENADIER-DIVISION („HOCH UND DEUTSCHMEISTER“)

Der Name dieser Division, der vor allem Österreicher angehörten, war ein Zugeständnis Hitlers an die Gefühle der österreichischen Nationalisten. Die 44., ein normaler Infanterieverband der ersten Welle, wurde am 1. April 1938, kurz nach der Annexion Österreichs, aufgestellt. Der österreichische Bezug blieb bis Juni 1943 unerwähnt, als die Infanterie-Regimenter der 44., das 131., 132. und 134., Grenadierstatus erhielten.

Die 44. kämpfte 1939 in Polen und 1940 in Frankreich, ehe sie als Besatzung im Generalgouvernement Polen eingesetzt wurde. Bei den Kämpfen an der Ostfront wurde die 44. Anfang 1943 bei Stalingrad vernichtet. Am 4. Mai 1943 wurde sie wiederaufgestellt, diente dann in Italien und blieb im Mittelmeerraum, bis sie in Westungarn stationiert wurde. Sie kämpfte dort und wurde dann nach Ostösterreich verlegt, wo sie zu Kriegsende in Gefangenschaft geriet.

Als die 44. im Juni 1943 in Reichsgrenadier-Division „Hoch und Deutschmeister“ umbenannt wurde, erhielt einer ihrer Verbände die im deutschen Heer einmalige Erlaubnis, eine Standarte des Typs, den die ehemaligen Regimenter der Kaiserlichen österreichisch-ungarischen Armee mit sich geführt hatten, zu tragen. Eine Beschreibung dieser Flagge folgt in Kapitel zwölf.

Die drei Infanterie-(Grenadier-)Regimenter der Division hatten eine Gesamtstärke

SS-Grenadiere 1941 vor einer Anti-Partisanen-Säuberung. Beachten Sie das Trommelmagazin des MG 34.

Im ersten Winter in Rußland gab das OKH Merkblätter heraus, die die Verwendung lokalen Materials zum Warmhalten empfahlen, etwa Baumzweige als zusätzlichen Schutz gegen Kälte und Schnee.

von 9.180 Mann. Dazu kam ein Aufklärungs-Bataillon mit 623 Mann, ein Artillerieverband von 3.172 Mann, ein Pionier-Bataillon von 779 Mann, ein Panzerjäger-Bataillon mit 708 Mann und ein Melde-Bataillon mit 476 Mann. Die Gesamtstärke der Division betrug 17.734 Mann.

An Bewaffnung gab es 378 leichte Maschinengewehre, 138 schwere Maschinengewehre, 93 Mörser Kaliber 5 cm und 54 Kaliber 8 cm, 20 leichte und 6 schwere Infanteriegeschütze. Die Artillerie verfügte über 75 Panzerabwehrkanonen vom Kaliber 3,7 cm, 36 leichte Feldhaubitzen Kaliber 10,5 cm und 12 schwere Feldhaubitzen Kaliber 15 cm.

Die Fahrzeuge der Division umfaßten 919 pferdegezogene Wagen, 4.842 Pferde, 394 gepanzerte Kampffahrzeuge, 615 Lkw und 527 Motorräder, davon 201 mit Beiwagen.

DIE 78. STURM-DIVISION

Ende Dezember 1941 erhielt die 78. Division, die bis dahin ein normaler Infanterieverband gewesen war, eine neue Bezeichnung und Aufgabe. Von da an war sie die 78. Sturm-Division und erhielt eine stärkere Waffenausrüstung, um die Feuerkraft ihrer drei Infanterie-Regimenter, des 14., 195. und 215., zu erhöhen. Jedes davon besaß Bataillone aus drei Infanterie-Kompanien, eine Standard-Kompanie mit schweren Waffen und eine weitere mit Infanteriegeschützen, eine Pionier-Kompanie, eine Kavallerie-Kompanie und einen Meldezug.

Im März und April 1943 wurde ihre Stärke erhöht, und die Manschaftsstärke der Artillerie jeden Regiments bestand nun aus einer Hauptquartier-Batterie, drei Bataillonen mit leichten Feldhaubitzen und einem Bataillon mit schweren Feldhaubitzen. Das Panzerjäger-Bataillon hatte zwei Kompanien, jede mit schwerer PAK auf selbstfahrender Lafette. Das Bataillon mit schweren Mörsern war motorisiert und bestand aus drei Kompanien, jede davon mit zwölf Mörsern.

Das Panzerjäger-Bataillon hatte ein HQ, einen HQ-Zug und drei Panzerjäger-Kompanien, jede mit zehn Geschützen. Das Flak-Bataillon war aus drei Batterien zusammengesetzt und hatte eine Geschützstärke von 18 leichten und 8 schweren 88-mm-Stücken.

Die Gesamtheit an Waffen im Divisionsarsenal betrug: 616 leichte Maschinengewehre, 76 schwere Maschinengewehre, 94 mittlere Mörser, 40 schwere Mörser, 12 Flammenwerfer, 61 schwere PAK-Geschütze, 14 leichte Infanteriegeschütze, 6 schwere Infanteriegeschütze und 24 Werfer.

Eine Propagandafotografie mit fröhlichen Soldaten, die sich im ersten Kriegswinter 1941 in Rußland warmhalten.

Die Sturm-Division wurde innerhalb von sieben Wochen aus der früheren Infanterie-Division geschaffen und im Februar 1943, noch nicht vollständig aufgestellt, wieder in den Kampf geworfen, um eine Lücke in der deutschen Front zu schließen. Im Juni nahm sie als Teil der 9. Armee an der Kursk-Offensive teil, und als im Sommer 1944 die Heeresgruppe Mitte zerstört wurde, war die 78. unter den bei dem Zusammenbruch verlorenen Verbänden.

Die Mannschaftsverluste der Division wurden teilweise durch eine größere Zuteilung von automatischen Schnellfeuerwaffen ausgeglichen, durch den Ersatz des 81-mm-Mörsers durch den mit Kaliber 12 cm und durch die Ausgabe von handgehaltenen Raketenwerfern wie der Panzerfaust. Die Panzerabwehreinheit wurde daneben mit der schnellen 7,62-cm-PAK ausgerüstet, und die Panzerjägereinheiten wurden in eine Brigade gegliedert, um sie flexibler zu machen.

Der Rückzug des deutschen Heeeres Mitte 1944 nach Westen brachte die 78. nach Galizien und Mähren, wo ihre verbliebenen Einheiten bei Kriegsende in Gefangenschaft gerieten.

NOMINELLE LISTE DER ERSTEN FÜNFZIG DIVISIONEN DER DEUTSCHEN INFANTERIEFRONT

1. INFANTERIE-DIVISION

Zusammensetzung

Grenadier-Regimenter	1., 22., 43.
Artillerie-Regiment	1.
Truppen	alle mit Nummer 1

Eine reguläre Heeresdivision, aufgestellt in Ostpreußen. Kämpfte in Polen, Frankreich und an der Ostfront bei der Heeresgruppe Nord.

2. INFANTERIE-DIVISION
Wurde zur 12. Panzer-Division.

3. INFANTERIE-DIVISION
Wurde zur 3. Panzergrenadier-Division.

4. INFANTERIE-DIVISION
Wurde zur 14. Panzer-Division.

5. INFANTERIE-DIVISION
Wurde zur 5. Jäger-Division.

6. INFANTERIE-DIVISION

Zusammensetzung

Grenadier-Regimenter	18., 37., 58.
Artillerie-Regiment	6.
Truppen	alle mit Nummer 6

Eine reguläre Heeresdivision, aufgestellt in Ostpreußen und Westfalen. Sie kämpfte 1940 im Frankreichfeldzug und sodann an der Ostfront bei der Heeresgruppe Mitte. Focht 1943 bei der Kursk-Offensive vorzüglich.

7. INFANTERIE-DIVISION

Zusammensetzung

Grenadier-Regimenter	19., 61., 62.
Artillerie-Regiment	7.
Truppen	alle mit Nummer 7

Eine reguläre Heeresdivision, der vor allem Bayern angehörten. Sie focht 1939 in Polen, sodann 1940 in Flandern und hierauf im Mittelabschnitt der Ostfront, wo sie sich bei der Kursk-Offensive 1943 besonders auszeichnete.

8. INFANTERIE-DIVISION
Wurde zur 8. Jäger-Division.

Während der Operationen im Sommer 1943 an der russischen Front. Der Vormarsch zum Kontakt mit dem Feind wird von einem Grenadier angeführt, der ein MG 42 auf den Schulter trägt.

9. INFANTERIE-DIVISION

Zusammensetzung

Grenadier-Regimenter	36., 57., 116.
Artillerie-Regiment	9.
Truppen	alle mit Nummer 9

Eine reguläre Heeresdivision mit Personal hauptsächlich aus Hessen-Nassau. Diente 1940 im Frankreichfeldzug und an der Ostfront bei der Heeresgruppe Süd, vor allem 1942 im Kaukasus.

10. INFANTERIE-DIVISION

Wurde zur 10. Panzergrenadier-Division.

11. INFANTERIE-DIVISION

Zusammensetzung

Grenadier-Regimenter	2., 23., 44.
Artillerie-Regiment	11.
Truppen	alle mit Nummer 11

Eine reguläre Heeresdivision mit Personal hauptsächlich aus dem Rheinland und aus Preußen. Diente in Polen und dann in Rußland, zunächst im Nordabschnitt, dann in der Gegend des Ladogasees, wo sie sich im Sommer 1943 besonders auszeichnete.

12. INFANTERIE-DIVISION

Zusammensetzung

Grenadier-Regimenter	27., 48., 89.
Artillerie-Regiment	12.
Truppen	alle mit Nummer 12

Eine reguläre Heeresdivision mit preußischem Personal. Bewährte sich 1939 in Polen und 1940 in Frankreich. Diente ab Beginn des Kriegs gegen Rußland im Nordsektor der Ostfront.

13. INFANTERIE-DIVISION

Wurde zur 13. Panzer-Division.

14. INFANTERIE-DIVISION

Wurde zur 14. Panzergrenadier-Division.

15. INFANTERIE-DIVISION

Zusammensetzung

Grenadier-Regimenter	81., 88., 106.
Artillerie-Regiment	15.
Truppen	alle mit Nummer 15

Eine reguläre Heeresdivision mit Personal aus Frankfurt und Österreich. Nahm 1940 nicht am Westfeldzug teil, diente 1941 in Rußland bei der Heeresgruppe Mitte. Ging 1942 nach Frankreich und kehrte im März 1943 an die Ostfront zurück.

16. INFANTERIE-DIVISION

Wurde zur 16. Panzer-Division und danach zur 16. Panzergrenadier-Division.

17. INFANTERIE-DIVISION

Zusammensetzung

Grenadier-Regimenter	21., 55., 95.
Artillerie-Regiment	17.
Truppen	alle mit Nummer 17

Eine Division des regulären Heeres. Sie wurde in Bayern aufgestellt und bewährte sich 1939 im Polenfeldzug, danach 1940 im Westen. War von den ersten Kriegstagen an in Rußland. 1942 nach Frankreich verlegt, kehrte die Division ein Jahr später nach Rußland zurück und diente bei der Heeresgruppe Süd.

18. INFANTERIE-DIVISION

Wurde zur 18. Panzergrenadier-Division.

19. INFANTERIE-DIVISION

Wurde zur 19. Panzer-Division.

20. INFANTERIE-DIVISION

Wurde zur 20. Panzergrenadier-Division.

21. INFANTERIE-DIVISION

Zusammensetzung

Grenadier-Regimenter	3., 24., 45.
Artillerie-Regiment	21.
Truppen	alle mit Nummer 21

Eine reguläre Heeresdivision, die sich in Ostpreußen und im Rheinland rekrutierte. Kämpfte im Polenfeldzug und dann im Westen. Von den ersten Tagen an an der Ostfront.

22. INFANTERIE-DIVISION

Wurde zur 22. Luftlande-Division.

23. INFANTERIE-DIVISION

Zusammensetzung

Regimenter	68. Füsilier-Regiment, 149. Grenadier-Regiment
Artillerie-Regiment	23.
Truppen	alle mit Nummer 23

Eine reguläre Heeresdivision, aufgestellt in Berlin. Kämpfte in Polen und im Westen, sodann von Anfang an an der Ostfront. 1942 nach Frankreich verlegt. Aus Kommandos der 23. Infanterie-Division wurde die 26. Panzer-Division gebildet. Die Division wurde neu gebildet und bekam die Nummer 23, ehe sie in den Nordsektor der Ostfront zurückkehrte.

24. INFANTERIE-DIVISION

Zusammensetzung

Grenadier-Regimenter	31., 32., 102.
Artillerie-Regiment	24.
Truppen	alle mit Nummer 24

In Sachsen aufgestellte reguläre Heeresdivision. Sie bewährte sich im Polenfeldzug und kämpfte hierauf im Westen. Diente bei der Invasion der Sowjetunion von Anfang an, wo sie bei der Heeresgruppe Mitte focht. Sie war auf der Krim sehr aktiv und wurde schließlich im Winter 1942/43 in den Nordsektor verlegt.

In Gräben an der abgewandten Hügelseite bereiten sich Grenadiere auf den Kampf vor. Der Mann vorne reinigt gerade sein Gewehr. Ostfront 1943.

25. INFANTERIE-DIVISION

Wurde zur 25. Panzergrenadier-Division.

26. INFANTERIE-DIVISION

Zusammensetzung

Grenadier-Regimenter	39., 77., 78.
Artillerie-Regiment	26.
Truppen	alle mit Nummer 26

Reguläre Heeresdivision mit Personal vor allem aus dem Rheinland, doch mit preußischem Kommando. Von Beginn an im Krieg

Eine Szene aus dem Leben der Soldaten an der Ostfront. Beachten Sie die Vielfalt der Waffen und Granaten an der Brustwehr der gegrabenen Erdspalte.

mit Rußland eingesetzt, diente sie bei der Heeresgruppe Mitte. Erlitt bei der Schlacht von Kursk schwere Verluste.

27. INFANTERIE-DIVISION

Wurde zur 17. Panzer-Division.

28. INFANTERIE-DIVISION

Wurde zur 28. Jäger-Division.

29. INFANTERIE-DIVISION

Wurde zur 29. Panzergrenadier-Division.

30. INFANTERIE-DIVISION

Zusammensetzung

Grenadier-Regimenter	6., 26., 46.
Artillerie-Regiment	30.
Truppen	alle mit Nummer 30

Reguläre Heeresdivision, aufgestellt in Norddeutschland, vor allem in Schleswig-Holstein. Kämpfte gut im Polenfeldzug und in den Niederlanden und Belgien. Von Beginn des Kriegs im Osten bei der Heeresgruppe Nord.

31. INFANTERIE-DIVISION

Zusammensetzung

Grenadier-Regimenter	12., 17., 82.
Artillerie-Regiment	31.
Truppen	alle mit Nummer 31

Eine reguläre Heeresdivision, aufgestellt hauptsächlich im Gebiet von Braunschweig. Nur teilweise im Polenfeldzug eingesetzt, mehr beteiligt an Aktionen in Belgien und Frankreich. Von Kriegsbeginn mit Rußland an

Eine Szene, üblich in jeder Armee in jedem Krieg: Ein Infanterist gibt seinem Kameraden Feuer für die Zigarette.

der Ostfront bei der Heeresgruppe Mitte. Zeichnete sich 1943 bei der Schlacht von Kursk aus.

32. INFANTERIE-DIVISION

Zusammensetzung

Grenadier-Regimenter	4., 94., 96.
Artillerie-Regiment	32.
Truppen	alle mit Nummer 32, mit Ausnahme des Pionier-Bataillons, das die Nummer 21 trug.

Reguläre Heeresdivision mit Personal aus Preußen und Pommern. Sie zeichnete sich besonders bei Kämpfen in Polen und an der Westfront aus. Danach diente sie von Anfang des Rußlandfeldzugs an bei der Heeresgruppe Nord.

33. INFANTERIE-DIVISION

Wurde zur 15. Panzergrenadier-Division.

34. INFANTERIE-DIVISION

Zusammensetzung

Grenadier-Regimenter	80, 107, 253
Artillerie-Regiment	34.
Truppen	alle mit Nummer 34

Eine reguläre Heeresdivision mit Männern aus dem Rheinland. Nahm am Krieg im Westen teil. Sie diente von Beginn des Kriegs gegen Rußland an bei der Heeresgruppe Mitte, ehe sie zur Heeresgruppe Süd verlegt wurde.

35. INFANTERIE-DIVISION

Zusammensetzung

Grenadier-Regimenter	343., 109., 111.
Artillerie-Regiment	35.
Truppen	alle mit Nummer 35

Eine reguläre Division des Heeres mit Personal aus Baden und Württemberg. Sie kämpfte zunächst 1940 in Flandern und hierauf in Rußland im Mittelabschnitt an der Ostfront.

36. INFANTERIE-DIVISION

Wurde zur 36. Panzergrenadier-Division.

38. INFANTERIE-DIVISION

Zusammensetzung

Grenadier-Regimenter	108., 112.
Artillerie-Regiment	138.
Truppen	alle mit Nummer 138

Aufgestellt im Sommer 1942 in der Bretagne. Erster Einsatz bei der Heeresgruppe Süd in Rußland. Ihr Personal umfaßte auch Polen und andere Nicht-Deutsche. Hatte in ihrem Bestand nur zwei Infanterie-Regimenter.

44. INFANTERIE-DIVISION

Siehe oben, Seite 32 und 33.

45. INFANTERIE-DIVISION

Zusammensetzung

Grenadier-Regimenter	130., 133., 135.
Artillerie-Regiment	98.
Truppen	81. Pionier-Bataillon, 45. Panzerjäger- und 45. Aufklärungs-Bataillon, 65. Melde-Bataillon

Reguläre Heeresdivision, Personal vor allem Österreicher. Bewährte sich beim Kampf in Polen und Frankreich. Diente in Rußland bei der Heersgruppe Mitte, wo sie schwere Verluste erlitt. Zeichnete sich danach bei der Schlacht von Kursk aus.

46. INFANTERIE-DIVISION

Zusammensetzung

Grenadier-Regiment	42., 72., 97.
Artillerie-Regiment	114.
Truppen	88. Pionier-Bataillon, 52. Panzerjäger-Bataillon, 46. Aufklärungs-Bataillon, 76. Melde-Bataillon

Eine reguläre Heeresdividion, die gegen Ende 1938 in Bayern und im Sudetenland rekrutiert wurde. Vor dem Krieg gegen die Sowjetunion wurde sie nicht eingesetzt, dann an der Ostfront gegen Rußland im Südabschnitt, vor allem auf der Krim und im Kaukasus.

50. INFANTERIE-DIVISION

Zusammensetzung

Grenadier-Regimenter	121., 122., 123.
Artillerie-Regiment	150.
Truppen	alle mit Nummer 150

Diese Division war eine preußische Grenzkontrolleinheit und Teil des regulären Heeres. Sie diente im Polen- und im Frankreichfeldzug, dann bei der Heeresgruppe Süd, zunächst auf der Krim, dann im Kaukasus.

LEICHTE INFANTERIE- ODER JÄGER-DIVISIONEN

Die Schützen- und Jäger-Divisionen hatten ein kleineres Bestandsschema als die normale Infanterie, sie bestanden aus zwei, nicht aus drei Regimentern.

5. JÄGER-DIVISION

Sie war zunächst als 5. Infanterie-Division eine reguläre Division des Heeres. Sie diente 1940 im Frankreichfeldzug und dann mit Beginn des Kriegs gegen Rußland an der Ostfront. Als Folge der schweren Verluste wurde sie von der Front abgezogen und erhielt Jägerstatus, ehe sie an die russische Front zurückkehrte.

Zusammensetzung

56. und 75. Jäger-Regiment

8. JÄGER-DIVISION

Sie wurde als 8. Infanterie-Division als reguläre Heeresdivision aufgestellt und kämpfte in Polen und Frankreich, ehe sie nach Rußland ging. Dort erlitt sie schwere Verluste und wurde zur Jäger-Division umgebildet. Danach kehrte sie an die Ostfront zurück.

Zusammensetzung

28. und 38. Jäger-Regiment

28. JÄGER-DIVISION

Aufgestellt als reguläre Heeresdivision als 28. Infanterie-Division. Sie diente in Polen, an der West- und an der Ostfront, ehe sie zur Jäger-Division wurde. 1942 kehrte sie an die Ostfront zurück.

Zusammensetzung
49. und 83. Jäger-Regiment

97. JÄGER-DIVISION

Diese Division wurde im November 1940 aufgestellt und diente ab Sommer 1941 an der Ostfront, hauptsächlich bei der Heeresgruppe Süd.

Zusammensetzung
204. und 207. Jäger-Regiment

100. JÄGER-DIVISION

Sie wurde im Winter 1940 aufgestellt und diente an der Ostfront. Bei der Schlacht von Stalingrad wurde sie vernichtet, doch in Jugoslawien neu gebildet. Sie verblieb auf dem Balkan.

Zusammensetzung
54. und 227. Jäger-Regiment

101. JÄGER-DIVISION

Diese Formation wurde im Dezember 1940 gebildet und diente an der Ostfront, vor allem bei der Heeresgruppe Süd.

Zusammensetzung
228. und 229. Jäger-Regiment

104. JÄGER-DIVISION

Sie wurde im April 1941 als 704. Infanterie-Division aufgestellt, dann erhielt sie Jägerstatus und wurde neu numeriert. Sie diente auf dem Balkan.

Zusammensetzung
724. und 734. Jäger-Regiment

114. JÄGER-DIVISION

Sie wurde im April 1941 als 714. Infanterie-Division aufgestellt. 1943 wurde sie zur Jäger-Division und erhielt in der Folge eine neue Nummer.

Zusammensetzung
721. und 741. Jäger-Regiment

117. JÄGER-DIVISION

Diese Division wurde im April 1941 als 717. Infanterie-Division gebildet. Im April 1943 erhielt sie Jägerstatus und eine neue Nummer. Sie diente auf dem Balkan, vor allem in Griechenland.

Zusammensetzung
737. und 749. Jäger-Regiment

118. JÄGER-DIVISION

Diese Division wurde im April 1941 als 718. Infanterie-Division aufgestellt. Im April 1943 erhielt sie Jägerstatus und eine neue Nummer.

Zusammensetzung
738. und 750. Jäger-Regiment

KAPITEL VIER

DIE GEBIRGSJÄGER

EINLEITUNG

Zusätzlich zu den normalen Jäger-Divisionen des Heeres (siehe Kapitel drei) gab es noch eine größere Jägergruppierung, nämlich die Ge-birgsjäger. Diese hatten ihr eigenes Numerierungssystem.

1935 bestand der Gebirgs-Truppenteil nur aus einzelnen Bataillonen, die dann zu einer Brigade verschmolzen wurden. Aus dieser Formation entwickelte sich die 1. Gebirgs-Division, der 1938 die Bildung zweier weiterer Divisionen folgte.

Eine Liste der neun oder zehn Gebirgs-Divisionen, die zwischen 1938 und 1945 aufgestellt wurden, findet sich auf den Seiten

Gebirgsjäger, die 1940 beim Kampf im Norwegenfeldzug die feindlichen Bewegungen und Stellungen aus einem Steinunterstand heraus beobachten.

Gebirgsgeneral Lanz erteilt während der ersten Kriegsmonate 1941 in Rußland Befehle.

44/45. Die Unsicherheit bezüglich der Zahl entsteht daraus, daß gegen Ende des Krieges zwei neu aufgestellten Gebirgsformationen dieselbe Nummer zugeteilt wurde. Zusätzlich zu den Gebirgsverbänden des Heeres gab es auch Gebirgsformationen der Waffen-SS. Diese finden Sie auf den Seiten 52–54.

Die Struktur einer Gebirgs-Division nach Bewaffnung, Ausrüstung und Nachschubeinheiten bestand aus einem Hauptquartier, zwei Schützen- oder Gebirgsjäger-Regimentern, einem Artillerie-Regiment und den üblichen Divisionstruppen, darunter je ein Bataillon von Meldern, Aufklärungstruppen, Panzerjägern und Pionieren. Die Nominalstärke einer solchen Division betrug 13.056 Offiziere und Soldaten. Das Divisionsgefolge bestand aus einer Reihe von Tragtieren, die meist bis auf Bataillonsebene zugeteilt waren, doch auch zur Ausrüstung einzelner Kompanien weiter unterteilt sein konnten.

Die Struktur einer Gebirgs-Division brachte es als unüberbrückbaren Nachteil mit sich, daß sie bei militärischen Operationen weniger flexibel als eine normale Infanterie-Division war. Den größten Teil der Transportmittel im Gebirge bildeten Maultiere, Motorfahrzeuge gab es daneben nur in geringer Zahl. Die Anzahl der Tiere einer Gebirgs-Division betrug 3.056, und obwohl sich der Einsatz der Tiere im Gebirgskampf bewährte, war dies bei Operationen auf offenem Feld weniger der Fall. Dort war die Gebirgs-Division zwangsläufig langsam, sie wurde in ihrem Fortkommen durch ihre Tragtiere gehemmt.

Gebirgsjäger schleppen beim Feldzug in Norwegen 1940 ihre 3,7-cm-Panzerjägerkanone.

Ein normales Jäger-Regiment war aus einer Hauptquartier-Einheit und drei Bataillonen zusammengesetzt, insgesamt 3.064 Mann. Die HQ-Gruppe schloß einen Meldezug und eine Batterie schwerer Gebirgsgeschütze mit ein. Ein Jäger-Bataillon führte ein HQ, drei Schützen-Kompanien und eine Maschinengewehr-Kompanie ins Feld, daneben Panzerjäger-Abteilungen und solche mit schweren Waffen. Die Stärke eines Jäger-Bataillons betrug 877 Mann, davon entfielen auf jede Schützen-Kompanie 147 und der Rest auf das Bataillons-HQ, die Maschinengewehr-Kompanie und die Kompanie mit schweren Waffen.

Das Artillerie-Regiment besaß 2.330 Offiziere und Soldaten und war mit 24 7,5-cm-Geschützen und 12 7,5-cm-Haubitzen ausgerüstet. Daneben gab es noch 12 15-cm-Haubitzen und 12 mit Kaliber 10,5 cm. Die Zahl der Panzerjägerkanonen war bei den Gebirgsformationen kleiner – man hielt es für unwahrscheinlich, daß die Jäger auf feindliche Panzer trafen. Auch hatten ihre Waffen geringere Reichweite als die einer normalen Division, da Operationen im Gebirge meist auf kürzerer Distanz stattfinden.

In den mittleren Kiegsjahren wurden besonders spezialisierte Kampfgruppen zur Unterstützung der Gebirgs-Divisionen aufgestellt, die besondere Missionen durchführten: die Hochgebirgs-Bataillone. Einzelheiten siehe Seite 50.

Gebirgs-Divisionen des Heeres

1. Gebirgs-Division

Aufgestellt im April 1938 schloß ihr ursprünglicher Bestand das 100. Gebirgs-Regiment ein. Bei der Mobilmachung wurde diese Einheit

Pioniere des Pionier-Bataillons einer Gebirgs-Division bei den Kämpfen um die Metaxáta-Linie in Griechenland 1941. Der Kasten in der Hand des halbgebückten Mannes ist eine Sprengladung des Typs, der zur Zerstörung von Bunkern und Unterständen eingesetzt wurde.

als überschüssige dazu bestimmt, einen Kader zu bilden, um den herum die 5. Gebirgs-Division geschaffen wurde. Die 1. kämpfte an jeder europäischen Front. Im März 1945, kurz vor Kriegsende, wurde sie in 1. Volksgebirgs-Division umbenannt.

Zusammensetzung
98. und 99. Gebirgsjäger-Regiment, 79. Gebirgs-Artillerie-Regiment

2. GEBIRGS-DIVISION

Diese ehemalige Einheit des österreichischen Heeres wurde am 1. April 1938 aufgestellt. Sie kämpfte zwischen 1940 und 1944 in Polen, Norwegen und Lappland. Nach dem Rückzug des deutschen Heeres aus Nordnorwegen Ende 1944 wurde die 2. an der Westfront postiert. Bei Kriegsende kämpften ihre Überbleibsel in Süddeutschland.

Zusammensetzung
136. und 137. Gebirgsjäger-Regiment, 11. Gebirgs-Artillerie-Regiment

3. GEBIRGS-DIVISION

Die 3. Gebirgs-Division war eine Formation, die aus zwei früher österreichischen Divisio-

Einer der Bunker der Metaxáta-Linie, den Gebirgsjäger im Griechenlandfeldzug 1941 zerstörten.

Eine HQ-Kompanie von Gebirgsjägern rückt während der Sommeroffensive 1942 im Kaukasus vor.

nen gebildet wurde. Als die Deutschen im Frühjahr 1940 Norwegen angriffen, wurde die 3. als Angriffsspitze für die Invasion vom Meer her zur Einnahme von Narvik eingesetzt. Es konnten nicht alle Männer auf einmal übergesetzt werden; die zurückgelassenen wurden zu einem neuen Gebirgsjäger-Regiment, dem 141., geformt. Diese Einheit wurde sodann der 6. Gebirgs-Division zugeteilt. Die 3. kämpfte in Polen, Norwegen, Finnland, der Ukraine, Ungarn und der Slowakei. Bei Kriegsende war sie in Schlesien im Einsatz.

Zusammensetzung
138. und 139. Gebirgsjäger-Regiment, 112. Gebirgs-Artillerie-Regiment

4. GEBIRGS-DIVISION

Der Aufbau einer 4. Gebirgs-Division wurde zunächst wieder abgebrochen. Der Krieg in Frankreich endete so rasch, daß eine neue Gebirgs-Division unnötig schien. Dann wurde am 23. Oktober 1940 ein neuer Anlauf genommen. Dafür brauchte man zwei neue Regimenter. Das 13. und das 91. Regiment wurden von ihren Stamm-Infanterie-Divisionen abgezogen und dem Bestand der 4. zugeteilt. Diese diente zuerst in Jugoslawien und wurde dann an die Ostfront verlegt, wo sie für den Rest des Krieges blieb.

Zusammensetzung
142. und 143. Gebirgsjäger-Regiment, 99. Gebirgs-Artillerie-Regiment

5. GEBIRGS-DIVISION

Im Herbst 1940 wurde das 100. Gebirgs-Regiment, das in der Mannschaftsstärke der

1942 eroberte eine Gruppe von Männern aus zwei Gebirgs-Divisionen den Berg Elbrus in Rußland. Das Bild zeigt die Männer beim Aufbruch zur Operation. Sie tragen die Fahnen ihrer Einheiten, die sie im Schnee am Gipfel des Elbrus aufpflanzten. Hitler nannte dies „die sinnloseste Akti[illegible]" des Krieges.

Die im Schnee des Berges Elbrus nach seiner Besteigung durch Gebirgsjäger im Feldzug 1942 aufgepflanzten Fahnen.

1. Gebirgs-Division überschüssig gewesen war, als Kader für die geplante 5. Gebirgs-Division ausgewählt. Das zweite Regiment, das 85., wurde von der 10. Infanterie-Division genommen. Die 5. focht in Griechenland; sie wurde als Teil des XI. Luftlande-Korps beim Angriff auf Kreta eingesetzt. Sie blieb zu Besatzungsaufgaben auf der Insel, bis sie im Oktober 1941 zum Leningrad-Abschnitt der Ostfront verlegt wurde. Ende 1943 wurde die Division nach Italien gesandt, wo sie sich bis zum Kriegsende hervorragend bewährte.

Zusammensetzung

85. und 100. Gebirgsjäger-Regiment, 95. Gebirgs-Artillerie-Regiment

6. GEBIRGS-DIVISION

Sie wurde am 1. Juni 1940 aufgestellt und diente als Teil der Besatzungsmacht in Frankreich und Polen, ehe sie Anfang 1941 nach Griechenland versetzt wurde. Später im selben Jahr wurde sie nach Finnland gesandt und kämpfte als Teil der 20. Gebirgs-Armee bei Murmansk. Bis Kriegsende blieb sie in Norwegen und geriet dann in britische Gefangenschaft.

Zusammensetzung

141. und 143. Gebirgsjäger-Regiment, 118. Gebirgs-Artillerie-Regiment

7. GEBIRGS-DIVISION

In der dritten Novemberwoche 1941 wurde die 99. Leichte Division in die 7. Gebirgs-Division umgewandelt. Ab April 1942 diente diese als Teil der 20. Gebirgs-Armee in Lappland und wandte sich dann nach Südnorwegen, wo sie zu Kriegsende in britische Gefangenschaft geriet.

Gebirgstruppen bereiten sich im Frankreichfeldzug 1940 auf die Überquerung eines Flusses vor.

Der Nachschub für die Männer, die Stellungen auf den hohen Berggipfeln in Jugoslawien hielten, mußte hinaufgetragen werden. Dieses Bild zeigt eine Gruppe von Trägern mit Nachschub.

Zusammensetzung
208. und 218. Gebirgsjäger-Regiment, 82. Gebirgs-Artillerie-Regiment

8. GEBIRGS-DIVISION
Im März 1944 beschloß man, eine 8. Gebirgs-Division um einen Kader, den das 139. Fallschirmjäger-Regiment stellte, aufzubauen. Doch erst im Februar 1945 war die Division aufgestellt. Sie kam in den letzten Kriegsmonaten in Italien zum Einsatz.

Zusammensetzung
296. und 297. Gebirgsjäger-Regiment

9. GEBIRGS-DIVISION
Gegen Kriegsende muß im OKH Verwirrung geherrscht haben, da zwei Gebirgs-Divisionen aufgestellt wurden, die die Nummer 9 erhielten. Obwohl beide unter dieser Nummer in den Berichten des Roten Kreuzes aufscheinen, taucht keine im Numerierungssystem der Feldpost auf, das die verläßlichste Informationsquelle über die Einheiten des Dritten Reiches ist, noch gibt es in den zeitgenössischen militärischen Stellungsplänen eine 9. Division. Die erste der beiden 9. Gebirgs-Divisionen war „Nord", die den Namen „K" oder „Kraeutler" erhielt. Diese Formation wurde später umbenannt in 140. Division zbV (zur besonderen Verwendung) und diente als Teil der „Narvik"-Streitmacht in Norwegen. Die zweite 9. Gebirgs-Division, die „Ost"-Division, wurde um die Kampfgruppe Semmering herum aufgebaut, die aus einer Reihe verschiedener Einheiten gebildet wurde, wie der Gebirgs-Artillerieschule am Dachstein, einem SS-Gebirgsjäger-Ersatzbataillon und den Bodentruppen der aufgelösten Jagdstaffel Boelcke der Luftwaffe. Auf den Einsatzplänen wird die 9. meist als „Kampfgruppe Oberst Raithel" bezeichnet und als Teil des III. Korps in der 6. Armee gezeigt. Die 9. wurde gebildet, weil das Generalkommando der 6. Armee, die in Ostösterreich kämpfte, um eine Einheit in Divisionsgröße gebeten hatte, um eine Lücke in der Kampflinie zu schließen. Das Ergebnis war die hastig zusammengestellte Kampfgruppe Raithel. Sie wurde am Semmeringpaß in Ostösterreich in die Schlacht geworfen. Die 9. geriet zu Kriegsende in amerikanische und russische Gefangenschaft.

HOCHGEBIRGS-BATAILLONE

Das OKH hätte aus den Erfahrungen des Krieges gelernt haben können, daß ganze Divisionen speziell ausgebildeter Gebirgs-soldaten unnötig waren. Trotzdem wurden bis in die letzten Kriegsmonate Gebirgsjäger-Formationen aufgestellt. 1942 zeigten Experimente, daß die normale Infanterie erfolgreich im Gebirge operieren konnte, vorausgesetzt, sie wurde durch Gebirgseinheiten verstärkt. Das OKH stellte sodann spezialisierte Hochgebirgs-Bataillone als solche Verstärkung auf, die in großen Höhen aktiv sein konnte. Zwischen Juli 1942 und November 1943 wurde vier Bataillone gebildet, doch die militärische Lage zeigte, daß solche Einheiten unnötig waren. Sie wurden also aufgelöst und in die normalen Gebirgsformationen übernommen.

GEBIRGS-KORPS DES HEERES

XV. GEBIRGS-KORPS
Wurde am 12. August 1943 auf dem Balkan gebildet und diente den gesamten Krieg lang in diesem Operationsgebiet.

XVIII. GEBIRGS-KORPS
Gebildet in Salzburg am 1. April 1938 als XVIII. Korps. Im Dezember 1941 wurde die Beschreibung „Gebirgs" der Korpsnummer hinzugefügt. Zunächst auf dem Balkan eingesetzt, wurde es dann nach Lappland verlegt. Im Januar 1945 ging es nach Westpreußen, wo es bis zum Kriegsende blieb.

Bei den Gebirgs-Infanterieeinheiten ersetzten Maultiere die Fahrzeuge. Dieses hier mit seinem Treiber ist mit Arzneimitteln beladen. Ein Kasten enthält Ampullen, der andere Watte und Tabletten.

XIX. GEBIRGS-KORPS

Geschaffen am 1. Juli 1940 in Norwegen aus der 21. Kampfgruppe und der 3. Gebirgs-Division. Erst Gebirgs-Korps „Norwegen" genannt, wurde es im November 1942 umgetauft. 1944 wurde sein Name in „Heeres-Sonderkommando Narvik" geändert. Das Korps war während seines ganzen Bestehens in Lappland und Südnorwegen stationiert.

XXI. GEBIRGS-KORPS

Gebildet im August 1943 auf dem Balkan und in Kroatien, Serbien und Albanien gegen jugoslawische Partisanen eingesetzt.

XXII. GEBIRGS-KORPS

Diese Formation wurde am 20. August 1943 in Saloniki aufgestellt und gehörte zu den Reserveeinheiten der Heeresgruppe E. Im April 1944 wurde sie in Ungarn stationiert. Bei Kriegsende kämpfte das Korps in Ostösterreich, wo es gefangengenommen wurde.

XXXVI. GEBIRGS-KORPS

Dieses wurde aus Einheiten im Grenzkontrollbereich Nr. 14 in Breslau aufgestellt und erhielt die Bezeichnung „Korps-Kommando für besondere Aufgaben". Den Titel „Gebirgs" erhielt es im November 1941. Es kämpfte zuerst in Polen, dann im Westfeldzug und schließlich in Norwegen, wo es für den Rest des Krieges blieb.

XXXXIX. GEBIRGS-KORPS

Diese Formation wurde am 20. Juni 1940 gebildet, doch ausgeschieden und erst im

Oktober 1940 wieder aktiviert. Das Korps sollte den Felsen von Gibraltar einnehmen, doch als diese Mission scheiterte, wurde es zunächst nach Jugoslawien und dann an die Ostfront verlegt. 1942 nahm es am Vormarsch im Kaukasus teil und wurde später bei den Kämpfen auf der Krim vernichtet.
Bald wurde ein neues XXXXIX. aufgestellt und in Rumänien stationiert. Unter russischem Druck zug es sich nach Mähren zurück, wo es sich bei Kriegsende der Roten Armee ergab.

LI. GEBIRGS-KORPS

Dieses Korps wurde am 12. September 1943 in Österreich aufgestellt, um ein Infanterie-Korps mit der gleichen Nummer zu ersetzen, das bei den Kämpfen von Stalingrad vernichtet worden war. Das Korps diente in Italien, besonders bei den Kämpfen um Montecassino.

GEBIRGS-DIVISIONEN DER WAFFEN-SS

6. SS-GEBIRGS-DIVISION „NORD“

Die anfängliche Kampfgruppe „Nord“ erhielt im Juni 1942 Divisionsstatus. Sie diente ab Februar 1942 in Lappland, ehe sie im Dezember 1944 wegen der Ardennenschlacht nach Deutschland ging. Im Frühjahr 1945 geriet sie beim Rückzug durch Deutschland in amerikanische Gefangenschaft.

Zusammensetzung
11. und 12. SS-Gebirgs-Regiment

7. SS-FREIWILLIGEN-GEBIRGS-DIVISION „PRINZ EUGEN“

Die 7., gebildet am 1. März 1942, bestand vor allem aus „Volksdeutschen“. Ihr erster Einsatz war gegen jugoslawische Partisanen. Im September 1943 half sie bei der Entwaffnung

Jäger der 7. SS-Gebirgs-Division 1943 in den Bergen Bosniens bei einer Partisanen-Säuberungsaktion.

der italienischen Streitkräfte, nachdem Italien aus dem Krieg ausgetreten war. „Prinz Eugen" zog sich unter Kämpfen aus Jugoslawien zurück, und bei Cilli wurde der letzte Rest der Division von Partisaneneinheiten gefangen.

Zusammensetzung
13. und 14. SS-Gebirgs-Regiment

13. WAFFEN-GEBIRGS-DIVISION DER SS „HANDSCHAR" (KROATISCHE NR. 1)

Im Februar 1943 befahl Himmler die Bildung einer kroatischen Division aus muslimischen Freiwilligen. Die 13. wurde dann bei Partisanensäuberungen, vor allem in Nordbosnien eingesetzt. Infolge schwerer Verluste wurde die Division auf eine Kampfgruppe reduziert.
Diese diente in Südungarn, ehe sie sich nach Ostösterreich zurückzog, wo sie in britische Gefangenschaft geriet.

Otto Kumm, Kommandeur der 7. SS-Gebirgs-Division „Prinz Eugen".

Muslimische Soldaten einer bosnischen SS-Gebirgs-Division 1943 in Jugoslawien.

Zusammensetzung
27. und 28. Gebirgs-Regiment

21. WAFFEN-GEBIRGS-DIVISION DER SS „SKANDERBEG" (ALBANISCHE NR. 1)

Auf Befehl Heinrich Himmlers am 17. April 1944 aufgestellt, zeigte sich die Unzuverlässigkeit der Männer dieser Division, als beim ersten Partisanen-Säuberungseinsatz viele von ihnen zu den Guerillakräften überliefen. Die 21. wurde daher reorganisiert und an Zahl verringert. Als Verstärkung wurden fast 4.000 Männer der deutschen Marine zu der Division abkommandiert. Während des deutschen Rückzugs aus Albanien wurde sie aufgelöst und das Kontingent der deutschen Marine der 7. SS-Gebirgs-Division „Prinz Eugen" zugeteilt.

Zusammensetzung
50. und 51. SS-Gebirgs-Regiment

24. WAFFEN-GEBIRGS-(KARSTJÄGER-)DIVISION DER SS

Die 24. entwickelte sich aus einer einzigen Kompanie, die am 10. Juli 1942 zum Dienst in der nackten, unwirtlichen Gebirgsgegend der Halbinsel Istrien, dem Karst, gebildet worden war. Im Juli 1944 sollte die Einheit, jetzt von Bataillonsgröße, zu einer Division ausgebaut werden, doch Knappheit an Männern verhinderte die Ausführung dieses Plans – die Formation erreichte nur das Niveau einer Brigade. Die „Karst"-Brigade kämpfte in Norditalien bei Anti-Partisanen-Einsätzen.

Zusammensetzung
59. SS-Gebirgs-Karstjäger-Regiment

SS-GEBIRGS-KORPS

V. SS-GEBIRGS-KORPS

Dieses Korps wurde im Juli 1943 in Prag gebildet, wobei die höheren Befehlsränge Offiziere der 7. SS-Gebirgs-Division „Prinz Eugen" innehatten. Das Korps trat im Oktober 1943 in der Gegend von Mostar in den Kampf ein. Es war bis zu den letzten Kriegsmonaten am Balkan stationiert und wurde dann an die Ostfront zur 9. Armee versetzt.

IX. WAFFEN-GEBIRGS-KORPS DER SS (KROATISCHE)

Das kroatische Gebirgskorps war aus der 13. (Handschar) und 23. (Kama) Waffen-Gebirgs-Division zusammengesetzt. Es wurde im Sommer 1944 geschaffen. Das Waffen-SS-Korps kämpfte als Teil der 2. Panzer-Armee, die in Südosteuropa operierte. Zu Ende des Krieges kapitulierte es in Ostösterreich.

20. GEBIRGS-ARMEE

Diese größere Formation, die schließlich drei Korps und eine Reserve-Division umfaßte, wurde zunächst „Lappland-Armee" genannt und enthielt eine Zahl unverbundener militärischer Gruppierungen und Formationen.

Am 22. Juni 1942 wurde ihr Name in „20. Gebirgs" geändert, und Ende Dezember 1944 standen alle in Norwegen stationierten deutschen Truppen unter ihrem Kommando.

Im Februar 1942 war die Schlachtordnung der Lappland-Armee folgende:

Gebirgs-Korps „Norwegen"	2. und 6. Gebirgs-Division
XXXVI. Korps	163. und 169. Infanterie-Division
III. (Finnisches) Korps	6. SS-Gebirgs-Division „Nord" und 3. Finnische Division
Armee-Reserve	7. Gebirgs-Division

Natürlich gab es Veränderungen in der Zusammensetzung, etwa als das III. (Finnische) Korps, das unter deutschem Befehl gestanden war, wieder unter finnischen Befehl zurückkehrte.

Im April 1945 war die Schlachtordnung der 20. Gebirgs-Armee folgende:

XXXVI. Korps	Panzer-Brigade „Norwegen“, Maschinengewehr-Ski-Bataillon „Finnland“
LXX. Korps	613., 274. und 280. Division
XXXIII. Korps	295. und 702. Infanterie-Division und die 14. Luftwaffe-Division
LXXI. Korps	230. und 210. Infanterie-Division, die Festungs-Brigade „Lofoten“, 139. Brigade, 140. Brigade und 503. Brigade
XIX. Korps	(auch als Heeresabteilung „Narvik“ bekannt) 193. Brigade, 270. Division, 6. Gebirgs-Division, Radfahr- Aufklärungs-Bataillon
Armee-Reserve	7. Gebirgs-Division

GRENADIER-DIVISIONEN DER WAFFEN-SS

14. WAFFENGRENADIER-DIVISION DER SS (GALIZISCHE NR. 1)

Im Juli 1943 zunächst SS-Freiwilligen-Division (Galizien) genannt, wurde sie im Juni 1944 in 14. Freiwilligen-Grenadier-Division (Galizische Nr. 1) umbenannt. Obwohl noch nicht komplett gebildet, standen ihre Regimenter schon bald im Kampf, und bei der Schlacht um Lemberg wurde die 14. fast ganz vernichtet. Im Herbst 1944 wiederaufgestellt, half sie, die Meuterei der slowakischen Armee niederzuschlagen. Im Februar 1945 sollte sie die Waffen an die deutschen Fallschirmtruppen übergeben und den Wechsel ihres eigenen Status in Fallschirmtruppen vorbereiten. Die Kriegslage machte dies überflüssig, die Division ergab sich in Österreich den Amerikanern.

1943 setzte sich die Division so zusammen: SS-Freiwilligen-Regiment Nr. 1, SS-Freiwilligen-Regiment Nr. 2 und SS-Freiwilligen-Regiment Nr. 3.

Der Wechsel von „Freiwilligen“ zu „Grenadier“ änderte auch die Regimentsnamen und -nummern. Diese waren nun: Grenadier-Regiment Nr. 29, Grenadier-Regiment Nr. 30 und Grenadier-Regiment Nr. 31.

15. WAFFENGRENADIER-DIVISION DER SS (LETTISCHE NR. 1)

Hitler befahl die Bildung einer Lettischen SS-Legion im Februar 1943. Ihr erster Name war Lettische SS-Freiwilligen-Legion, sodann 15. Lettische SS-Freiwilligen-Division und schließlich der obige. Einige ihrer Einheiten kämpften schon, ehe die Division vollständig aufgestellt war. Ende 1943 stand die ganze Division im Kampf. Sie wurde bei den Kämpfen um Nowo-Sokolniki übel zugerichtet und zog sich durch Lettland zurück. Im Frühjahr 1944 wurde die Division, nunmehr umgebildet, wieder eingesetzt und kämpfte in Westpreußen, wo die Überbleibsel der 15. sich der Roten Armee ergaben.

Die Zusammensetzung der 15. war: Waffengrenadier-Regiment Nr. 32 (Lettisches Nr. 3), Waffengrenadier-Regiment Nr. 33 (Lettisches Nr. 4) und Waffengrenadier-Regiment Nr. 34 (Lettisches Nr. 5).

19. WAFFENGRENADIER-DIVISION DER SS (LETTISCHE NR. 2)

Am 7. Januar 1944 wurde die 2. Lettische SS-Division als 19. Lettische SS-Freiwilligen-Division gebildet. Sie erhielt im Mai ihren endgültigen, obigen Namen.

Sie kämpfte im Gebiet von Leningrad und nahm ebenso am kämpfenden Rückzug aus diesem Bereich wie an fünf der sechs Schlachten im Kurland teil, ehe sie sich im Mai 1945 den Russen ergab.

Die Zusammensetzung der Division war: SS-Waffengrenadier-Regiment Nr. 42 (Lettisches Nr. 1), SS-Waffengrenadier-Regiment Nr. 43 (Lettisches Nr. 2) und SS-Waffengrenadier-Regiment Nr. 44 (Lettisches Nr. 6).

20. WAFFENGRENADIER-DIVISION DER SS (ESTNISCHE NR. 1)

Am 1. Oktober 1942 wurde eine estnische Legion geschaffen, geplant ursprünglich als motorisiertes Infanterie-Regiment. Der Zufluß an Rekruten ermöglichte die Erweiterung der Legion, sie wurde zur 3. Estnischen SS-Freiwilligen-Brigade und dann im Januar 1944 zur 2. Estnischen SS-Freiwilligen-Division. Bald stand sie an der Ostfront und wurde in Kampfgruppen aufgeteilt, die bei anderen Divisionen dienten. Im September 1944 wurde sie umgruppiert, und im Januar 1945 kämpfte sie bei Breslau. Hier wurden die meisten Männer der 20. eingeschlossen und ergaben sich den Russen.

Die Zusammensetzung der Division war: SS-Freiwilligen-Grenadier-Regiment Nr. 42, 1945 zur Nr. 45 gemacht (Estnisches Nr. 1), SS-Freiwilligen-Grenadier-Regiment Nr. 43, 1945 zur Nr. 46 gemacht (Estnisches Nr. 2) und Nr. 47 (erst im November 1944 gebildet und 1945 Estnisches Nr. 3 genannt).

25. WAFFENGRENADIER-DIVISION DER SS „HUNYADI“ (UNGARISCHE NR. 1)

Auf Befehl Heinrich Himmlers im April 1944 als „SS-Freiwilligen-Grenadier-Division in Ungarn“ aufgestellt, wurde sie fast sofort in den Kampf geworfen, zuerst gegen die Rote Armee, dann im Frühjahr 1945 gegen die US-Armee, der sich die Division bei Kriegsende ergab.

Die Zusammensetzung der Division war: SS-Grenadier-Regiment Nr. 61, SS-Grenadier-Regiment Nr. 62 und SS-Grenadier-Regiment Nr. 63.

26. WAFFENGRENADIER-DIVISION DER SS

Die erste Absicht, aus der 49. SS-Panzergrenadier-Brigade eine Panzer-Division aufzubauen, wurde nicht ausgeführt. Im März 1945 gab es einen neuen, erfolgreichen Versuch, aus Einheiten der ungarischen Armee eine Division zu bilden.

Die Zusammensetzung der Division war: SS-Waffengrenadier-Regiment Nr. 64, SS-Waffengrenadier-Regiment Nr. 65 und SS-Waffengrenadier-Regiment Nr. 85.

27. SS-FREIWILLIGEN-GRENADIER-DIVISION „LANGEMARCK“

Die 27. Legion wurde im Mai 1943 zur Brigade befördert und war im Dezember des Jahres in der Ukraine im Einsatz. Sie wurde bei Schitomir eingeschlossen und verlor 50 Prozent ihres Bestandes. Im April 1944 wurde sie wiederaufgebaut. Im September wurde die Brigade auf Divisionsstatus vergrößert, und im Dezember 1944 war sie bei der Ardennenschlacht im Einsatz. Dann wurde sie an der Ostfront stationiert, wo sie sich im Mai 1945 der Roten Armee ergab.

Die Zusammensetzung der Division war: SS-Freiwilligen-Grenadier-Regiment Nr. 66, SS-Freiwilligen-Grenadier-Regiment Nr. 67 und SS-Freiwilligen-Grenadier-Regiment Nr. 68.

29. WAFFENGRENADIER-DIVISION DER SS (ITALIENISCHE NR. 1)

Geschaffen aus Miliz-Bataillonen, dann Regimentern, die vom Regime Mussolinis in Norditalien aufgestellt worden waren, wurde diese Formation später zu einer Waffengrenadier-Brigade vergrößert; im April 1945 erhielt sie Divisionsstatus.

Die Zusammensetzung der Division war: SS-Infanterie-Regiment Nr. 1, SS-Infanterie-Regiment Nr. 2 und ein Offiziersbataillon.

30. WAFFENGRENADIER-DIVISION DER SS (RUSSISCHE NR. 2)

Diese Formation erwuchs aus Einheiten der Russischen Heimwehr, die die SS im Sommer 1944 bildete.

Das 1. Regiment der Division bestand aus den früheren Heimwehr-Bataillonen 57, 60, 61 und dem Gebietskommando der Minsker Polizei. Das 2. Regiment wurde aus den früheren 62., 63. und 64. Bataillonen und dem Gebietskommando der Lidaer Polizei gebildet. Das 3. Regiment kam aus dem Bereich der Slusker Polizei und das 4. aus der Polizei des Bereichs der Pripjet-Sümpfe. Im August kam die Brigade, die aus Slawen bestand, vom Bereich der Polizei unter den Befehl der SS. Der Verband diente an der Westfront und erlitt schwere Verluste. Im Januar 1945 wurde die geschwächte Formation aufgelöst, einige ihrer Einheiten wurden anderen SS Einheiten zugeteilt.

Die Zusammensetzung der Division, die im September 1944 als das 1., 2. und 3. Regiment der Heimwehr-Bataillone bekannt gewesen war, lautete im Oktober 1944: SS-Waffengrenadier-Regiment Nr. 75, SS-Waffengrenadier-Regiment Nr. 76 und SS-Waffengrenadier-Regiment Nr. 77.

31. SS-FREIWILLIGEN-GRENADIER-DIVISION

Der Plan, eine Division aus Volksdeutschen, die in der Batschka lebten, aufzustellen, traf auf viele Schwierigkeiten. Die gebildeten Abteilungen wurden zu Kampfgruppen geformt, die gemeinsam mit ähnlichen Heeresgruppen gegen die Rote Armee kämpften, die durch Ungarn vorrückte. Nach schweren Verlusten in der Schlacht um Pécs marschierten die Reste der Division nach Marburg (Slowenien), wo sie sich mit Soldaten aus aufgelösten Einheiten vereinigten. Im Februar 1945 wurde die Division nach Schlesien geworfen und nach einem kampfreichen Rückzug in Königgrätz in der Tschechoslowakei umzingelt. Daraufhin kapitulierte sie.

Die Zusammensetzung der Division war: SS-Freiwilligen-Grenadier-Regiment Nr. 79, SS Freiwilligen-Grenadier-Regiment Nr. 80.

32. SS-FREIWILLIGEN-GRENADIER-DIVISION „30. JANUAR“

Im Januar 1945 wurden die ersten Kompanien der zukünftigen Division gesammelt. Sie erhielten den Namen „Kampfgruppe Kurland“, später SS-Regiment Nr. 32. Die Soldaten wurden aus einer Reihe verschiedener Einheiten abgezogen. Erstes Einsatzgebiet war das östliche Ufer der Oder, wo sie an Brückenköpfen bei Frankfurt gegen die Rote

Ein SS-Panzersoldat winkt in der Ardennenschlacht 1944 seine Männer vorwärts. Am Gürtel trägt er sein Grabwerkzeug und am Rücken das Sturmgepäck. Im Hintergrund sieht man brennende amerikanische Fahrzeuge.

Armee kämpften. Als die Einheiten der nicht komplett gebildeten Division eintrafen, wurden sie in den Kampf geworfen, so daß die 32. nur kurze Zeit als vollständige Formation focht. Bei einer Operation zur Entlastung Berlins wurde sie umzingelt. und nur ein paar isolierte Splittergruppen entkamen und kämpften sich zur 12. Armee durch. Die Fragmente der 32. ergaben sich an der Elbe den Amerikanern.

Die Zusammensetzung der Division war: SS-Freiwilligen-Grenadier-Regiment Nr. 86, SS-Freiwilligen-Grenadier-Regiment Nr. 87, SS-Freiwilligen-Grenadier-Regiment Nr. 88.

33. Waffengrenadier-Division der SS „Charlemagne" (Französische Nr. 1)

Im August 1943 als französisches SS-Freiwilligen-Grenadier-Regiment aufgestellt, hatte diese SS-Einheit einen Vorläufer im Heer: die „Légion Volontaire Française". Ihre erste Militäroperation führte die SS-Division gegen die Rote Armee, die bei Sanok durchgebrochen war. Diese und weitere Kämpfe führten zu schweren Verlusten. Im November 1944 war das Waffengrenadier-Regiment, jetzt schon eine Brigade, umgruppiert und neu ausgerüstet worden. Vorbereitungen zur Erhebung in den Divisionsstatus begannen. Ehe die Zusammenziehung abgeschlossen war, mußte die 33. wegen des raschen Vormarsches der Roten Armee Stück für Stück in den Kampf, meist unter Befehl einer Einheit des deutschen Heeres. Bei Köslin wurde sie umgruppiert und fast sofort umzingelt. Etwa 2.000 Mann entkamen dem Einschluß und erreichten die Ostsee, wo sie in Operationen bei Swinemünde und Danzig fochten. Die Überbleibsel führten dann einen kampfreichen Rückzug nach Schleswig-Holstein durch, wo sie sich der britischen Armee ergaben. Andere Splittergruppen der 33. kämpften entlang der Donau und gerieten in amerikanische Gefangenschaft.

Die Organisation der Division war im Herbst 1944: Grenadier-Regiment Nr. 1 und Grenadier-Regiment Nr. 2. Im Februar 1945: Waffengrenadier-Regiment Nr. 57 und Waffengrenadier-Regiment Nr. 58.

34. SS-Grenadier-Division „Landstorm Nederland"

Diese Formation wurde als eine nationale, territoriale Verteidigungsorganisation unter Befehl deutscher Polizisten gebildet. Im November 1944 änderte sich ihr Name in SS-Freiwilligen-Grenadier-Brigade „Landstorm Nederland", und im März 1945 erhielt die Brigade den Divisionsstatus.

Im Herbst 1944 bestand die Organisation der Brigade aus dem SS-Freiwilligen-Grenadier-Regiment Nr. 83 (Holländisches Nr. 3) und dem SS-Freiwilligen-Grenadier-Regiment Nr. 84 (Holländisches Nr. 4). Im März 1945 kam ein drittes Regiment hinzu, wodurch die Formation zur Division wurde: das SS-Grenadier-Regiment „Klotz".

35. SS-Polizei-Grenadier-Division

Zunächst wurde die Formation aus Einheiten der Polizei-Ausbildungsschule bei Dresden zu einer Brigade gebildet. Diese wurde dann zur Division, wobei die Offiziere des neuen Verbandes aus der SS-Junkerschule in Braun schweig kamen. Die Brigade war aus dem 1. und 2. Polizei-Regiment zusammengesetzt, die ab März 1945 SS-Polizei-Regiment Nr. 89 und Nr. 90 genannt wurden. Ein drittes Regiment, geschaffen 1942 in Rußland, wurde umbenannt und zum SS-Polizei-Regiment Nr. 91. Die Division, die zur Bekämpfung der Roten Armee, die zwischen Cottbus und Berlin durchgebrochen war, eingesetzt wurde, wurde zerschlagen. Die Überlebenden ergaben sich bei Kriegsende der Roten Armee.

Die Organisation der Division war: SS-Polizei-Grenadier-Regiment Nr. 1 (später Nr. 89), SS-Polizei-Grenadier-Regiment Nr. 2

(später Nr. 90) und SS-Polizei-Grenadier-Regiment Nr. 3 (später Nr. 91).

36. WAFFENGRENADIER-DIVISION DER SS

Diese berüchtigte Einheit wurde im Juni 1940 zunächst um einen Kern von Verbrechern herum gegründet. Von da bis zum Herbst 1944 war „Dr. Dirlewangers Spezialgruppe" in Aktion und beging in Polen und an der Ostfront ihre Grausamkeiten. Ihre militärische Aufgabe war Partisanen-Säuberung. Die „Dirlewanger-Gruppe", später als „Dirlewanger-Brigade" bekannt, nahm an den Kämpfen in Warschau teil und erlitt dabei schwere Verluste. Diese wurden durch die Aufnahme anderer Kriegsverbrecher ausgeglichen. Nach der Niederschlagung des Aufstandes in der Slowakei wurde die „Dirlewanger-Brigade" an der Oder-Front stationiert, und im Februar 1945 erhielt sie Divisionsstatus. Die 36. wurde im Halbe-Kessel umzingelt und von der Roten Armee gefangengenommen.

1944 war die Brigade so zusammengesetzt: Regiment Nr. 1 und Regiment Nr. 2.

Ein Fallschirmjäger-Maschinengewehrposten 1942 in Tunesien. Die Waffe ist ein MG 34 in der leichten Maschinengewehr-Fassung.

FALLSCHIRMJÄGER-FORMATIONEN

1. FALLSCHIRMJÄGER-DIVISION

Sie wurde im April 1943 aus der 7. Flieger-Division, der ursprünglichen Fallschirmjäger-Formation, geschaffen. Die 1. kämpfte in Sizilien und Italien, sie war an der Verteidigung von Montecassino stark beteiligt.

Zusammensetzung

Fallschirmjäger-Regimenter 1, 3 und 4

2. FALLSCHIRMJÄGER-DIVISION

Sie wurde 1943 gebildet und kämpfte zunächst in Italien, wo sie, neben anderen Missionen, an der Befreiung Mussolinis teilnahm. Ende 1943 führte sie eine Landung auf der Insel Leros durch und nahm sie ein. Die 2. wurde dann an der Ostfront postiert, kehrte aber an die Westfront zurück, wo sie 1944 in der Schlacht um Brest vernichtet wurde. Im Oktober 1944 wurde sie wiederaufgestellt und kämpfte dann in Holland. Den Krieg beendete sie 1945 in Westdeutschland.

Werbeplakat für die deutschen Fallschirmjäger.

Zusammensetzung
Fallschirmjäger-Regimenter 2, 6 und 7

3. FALLSCHIRMJÄGER-DIVISION

Sie wurde in den letzten Monaten von 1943 in Frankreich aufgestellt. Sie sollte das 5. Regiment mit einschließen, doch dieses war in Tunesien stationiert, wo es vernichtet wurde. Ein neu aufgestelltes 5. Regiment wurde im März 1944 in den Bestand eingegliedert.

Zusammensetzung
Das neue Fallschirmjäger-Regiment 5 und die Regimenter 8 und 9

4. FALLSCHIRMJÄGER-DIVISION

In den letzten Monaten des Jahres 1943 in Italien gebildet. Dort kämpfte die Division auch.

Zusammensetzung
Fallschirmjäger-Regimenter 10, 11 und 12. In der Schlachtordnung der Division befanden sich auch Teile aus den zwei italienischen Fallschirm-jäger-Divisionen „Folgore" und „Demgo".

5. FALLSCHIRMJÄGER-DIVISION

Aufgestellt im April 1944. focht die 5. an der Westfront, wo sie bald zerstört wurde. Sie zersplitterte hierauf in Kampfgruppen, von denen die letzte an der Ruhr kämpfte.

Zusammensetzung
Fallschirmjäger-Regimenter 13, 14 und 15

Fallschirmjäger von Kochs Regiment marschieren durch die Straßen von Tunis, nachdem sie im November 1942 über Tunesien abgesprungen waren.

Fallschirmjäger-Rekruten mußten eine Menge Absprünge durchführen, ehe sie als ausgebildete Soldaten angesehen wurden und ihr Abzeichen erhielten. Hier bereitet sich Adi Strauchs Gruppe von Rekruten auf ihren Qualifikationssprung vor (Strauch ist mit dem Kreuz markiert).

Eine Übung bei der Vorkriegsausbildung: Soeben gelandete Fallschirmjäger sammeln sich um ein MG 34, das als schwerer Maschinengewehr-Typ auf einem Dreibein steht.

6. FALLSCHIRMJÄGER-DIVISION

Aufgestellt im April 1944 und an der Westfront eingesetzt, wo sie zerstört wurde. Eine neue 6. Division wurde in den letzten Monaten des Jahres 1944 mit derselben Gefechtsformation gebildet. Ihr 16. Regiment kämpfte in der Normandie und dann an der Ostfront, ehe es zu seiner Division nach Frankreich und Holland zurückkehrte. Die 6. ergab sich bei Kriegsende der Britischen Armee.

Zusammensetzung

Fallschirmjäger-Regimenter 16, 17 und 18

7. FALLSCHIRMJÄGER-DIVISION

Diese Formation wurde aus Teilen von Fallschirmjäger-Einheiten, die im Kampf zerstört worden waren, gebildet. Im Oktober 1944 erhielt sie den Befehl, eine Verteidigungslinie entlang des Albert-Kanals in Belgien aufzubauen, die sie hielt, bis sie nach Westdeutschland abgezogen und dort vernichtet wurde.

Zusammensetzung

Fallschirmjäger-Regimenter 19, 20 und 21

8. FALLSCHIRMJÄGER-DIVISION

Der Befehl zur Bildung dieser Einheit wurde im September 1944 ausgegeben, doch widerrufen und erst im Januar 1945 wiederholt.

Das 23. Regiment diente nicht bei der 8. Fallschirmjäger-Division, seiner Stammformation, sondern bei der 2. Fallschirmjäger-Division. Wegen der Kriegslage wurde das 24. Regiment nie gebildet. Als Ersatz für das 23. Regiment erhielt die Division das 1. Sturm- Bataillon. Die 8. nahm an der Ver-

Männer einer Fallschirmjäger-Einheit mit einem Mörser 1944 in der Normandie.

teidigung des Rheins teil und ergab sich nach einem kämpfenden Rückzug nach Norddeutschland bei Kriegsende den Briten.

Zusammensetzung
Fallschirmjäger-Regimenter 22, 23 und 24

9. FALLSCHIRMJÄGER-DIVISION

Der Plan vom September 1944 zur Bildung einer 9. Fallschirmjäger-Division wurde erst im Januar 1945 ausgeführt. Wegen der sich verschlechternden Kriegslage konnten zunächst nur Bataillone aufgestellt werden. Einige Divisionseinheiten kämpften bei der Verteidigung von Breslau, andere wurden der 23. SS-Division zugeteilt. Der Rest der Division kämpfte den Weg zurück durch Deutschland, war beim Kampf um Berlin eingesetzt und ergab sich in Norddeutschland den Briten.

Zusammensetzung
Fallschirmjäger-Regimenter 25, 26 und 27

10. FALLSCHIRMJÄGER-DIVISION

Der Befehl zur Bildung der 10. Fallschirmjäger-Division wurde zurückgenommen und erst im Februar 1945 wieder ausgegeben. Die Division war in Ostösterreich stationiert, wo sie bei Feldbach vernichtet wurde. Reste der 10. entkamen und setzten den Kampf in der Tschechoslowakei fort, ehe sie sich den Russen ergaben.

Zusammensetzung
Fallschirmjäger-Regimenter 28, 29 und 30

Männer einer deutschen Fallschirmjäger-Einheit rasten nach Beendigung eines Angriffs 1941 an der Meerenge von Korinth. Das dunkle Band am Helm diente nicht nur zur Identifikation, sondern, gefüllt mit Laub, auch zur Tarnung.

Baron von der Heydte, Kommandeur des 6. Fallschirmjäger-Regiments, in der Normandie mit SS-Offizieren der 17. Division.

11. FALLSCHIRMJÄGER-DIVISION

Der Befehl zur Bildung einer 11. Fallschirmjäger-Division wurde im März 1945 ausgegeben, doch die Formation wurde nie aufgestellt. Die bereits gebildeten Einheiten fochten als Kampfgruppen in Holland, wo sie sich bei Kriegsende den Briten ergaben.

Zusammensetzung

Fallschirmjäger-Regimenter 37, 38 und 39

FALLSCHIRMJÄGER-KORPS

Das ursprüngliche Fallschirmjäger-Korps, gebildet unmittelbar vor Ausbruch des Zweiten Weltkriegs, trug die Nummer XI und bestand aus der 7. Flieger-Division der Luftwaffe und der 22. (Luftlande-)Division des Heeres.

Das XI. Korps kämpfte 1940 im Westfeldzug und bei der Invasion von Kreta. Da die 22. (Luftlande-)Division bei dieser Operation nicht verfügbar war, wurde die 5. Gebirgs-Division als Ersatz herangezogen. Als im Januar 1944 die Idee einer Fallschirmjäger-Armee vorgeschlagen und angenommen wurde, wurde das XI. Korps zum I. Korps und hatte die 1. und die 2. Fallschirmjäger-Division unter seinem Befehl (die Divisionsstruktur findet man auf den Seiten 62 und 63). Das I. Fallschirmjäger-Korps verbrachte den Krieg in Italien.

Am 12. Mai 1944 wurde das II. Fallschirmjäger-Korps geschaffen. Es hatte die 3. und 5.

Fallschirmjäger-Division unter seinem Befehl und kämpfte an der Westfront

DIE FALLSCHIRMJÄGER-ARMEE

Im März 1944 gab das Oberkommando der Luftwaffe Befehl, eine 1. Fallschirmjäger-Armee aufzustellen. Die Bildung der Formation war Ende August abgeschlossen.

Die Fallschirmjäger-Armee wurde an der Westfront eingesetzt und kämpfte dort ohne Unterbrechung vom September 1944 bis zum Kriegsende im Mai 1945.

SICHERUNGS-DIVISIONEN

Um den an der Ostfront kämpfenden Armeen den Rücken zu sichern, wurden spezielle Infanterie-Divisionen gebildet. Sie bestanden meist aus schlecht qualifizierten Soldaten, oft aus Männern vorgerückten Alters, von denen viele schon im Ersten Weltkrieg gekämpft hatten. Ihre Waffen waren anfangs entweder veraltetes oder erbeutetes Material. Die Gefechtsformation einer Sicherungs-Division bestand aus nur zwei Infanterie-Regimentern, das eine für aktive Säuberungsoperationen, das andere, aus noch niedrigerem Personal, für Wachdienste in den ruhigen Divisionsgebieten.

Jede Division hatte Verstärkungsformationen, darunter ein Leichtes Artillerie-Bataillon, Pioniere und Versorgungsabteilungen.

Einige Sicherungs-Formationen wurden durch ein motorisiertes Polizei-Bataillon verstärkt. Die Sicherungs-Divisionen waren an der Ostfront eingesetzt, jeder Heeresgruppe waren eine oder mehrere zugeordnet. Die Heeresgruppe Süd hatte zusätzlich noch Einheiten von ungarischen Sicherungstruppen unter ihrem Befehl.

Man muß zugeben, daß die Sicherungs-Divisionen eine hoffnungslose Aufgabe zu erfüllen hatten. Ihr Bestand war gering, sie waren schlecht bewaffnet, und sie hatten riesige Gebiete zu kontrollieren. Eine Division mußte etwa 80.000 Quadratkilometer stark bewaldetes Marschland bewachen, das dicht von Partisanengruppen durchsetzt war. Dieses Gebiet war etwa so groß wie ganz Österreich.

Die Operationspläne für den Angriff auf die Sowjetunion berücksichtigten, daß dort mehr Sicherungs-Divisionen nötig sein würden. Diese konnten erreicht werden, indem man Brigaden auf Divisionsgröße ausdehnte oder normale Infanterie-Divisionen in Sicherungs-Formationen umwandelte. Obwohl die Divisionen laut Plan nur Sicherungsaufgaben erfüllen sollten, wurden etliche von ihnen in größere Militäroperationen verstrickt und als normale Infanterie-Divisionen in den Kampf geworfen.

Die Sicherungs-Divisionen trugen die Nummern: 201, 203, 207, 213, 221, 281, 284, 285, 286, 403, 442, 444, 454 und 455.

KAPITEL SECHS

INFANTERIEWAFFEN

Die Standardwaffe des deutschen Heeres, besonders der Infanterie, war das Gewehr 98, das seit Ende des 19. Jahrhunderts in Gebrauch war. Die fünfschüssige Waffe mit Schlagbolzen war im Ersten Weltkrieg die Haupt-Feuerwaffe der deutschen Reichswehr gewesen und blieb es auch die meiste Zeit des Zweiten Weltkriegs.

In den mittleren Kriegsjahren sollte sie ausgemustert und durch ein halbautomatisches Gewehr ersetzt werden, doch mit der Verbreitung von Maschinenpistolen wurde dies unnötig.

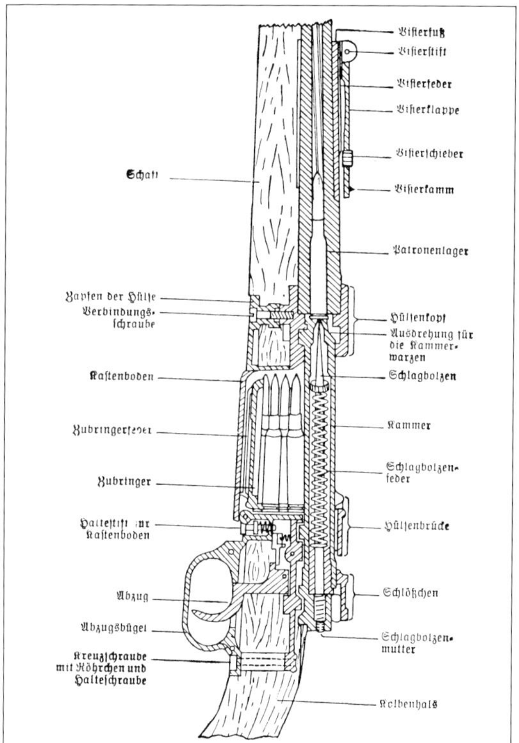

Bild 13. **Gewehr mit entspanntem Schloß.**
(Mit Platzpatronen geladen.)

Schnittzeichnung eines Gewehrs mit einer Platzpatrone in der Kammer.

GEWEHR 98 UND KARABINER 98

Kaliber	7,92 mm
Länge	126 cm (Gewehr und Karabiner); 110 cm (Karabiner 98 K)
Gewicht	etwa 4 kg
Magazin	Fünf Schuß in einem Ladestreifen
Funktion	Schloß, manuell
Reichweite	800 m
Aufsatz	Ein Bajonett oder ein Granatwerfer konnte befestigt werden

DAS GEWEHR 3/40

Dieses war ein kurzes Gewehr für die Fallschirmjäger und hatte einen zusammenklappbaren Schaft. Ansonsten war es im Aufbau dem Modell 98 ähnlich.

DAS GEWEHR 41

Ein halbautomatisches Gewehr, hergestellt in zwei Modellen, dem Gewehr 41 M und Gewehr 41 W. Der Hauptunterschied zwischen den beiden Typen lag in ihrer Konstruktion.

Ein SS-Rekrut beim Schießunterricht.

Kaliber	7,92 mm
Länge	114 cm
Gewicht	4,9 kg
Magazin	zwei fünfschüssige Ladestreifen in einem Seitenmagazin
Funktion	halbautomatisch
Reichweite	1300 m

DAS FALLSCHIRMJÄGERGEWEHR 42

Das Modell 42 war weniger ein automatisches Gewehr als ein leichtes Maschinengewehr. Es hatte ein fixes zusammenklappbares Zweibein und feuerte automatisch oder Einzelschüsse. Ein Sicherungsflügel war eingebaut.

Kaliber	7,92 mm
Länge	111 cm mit Bajonett
Gewicht	4 kg
Magazin	zwanzigschüssiges Magazin an der linken Seite
Reichweite	1300 m

DER KARABINER 43

Dieses halbautomatische Gewehr war eine Weiterentwicklung des Gewehrs 41, doch um etwa 0,5 kg leichter.

MASCHINENPISTOLEN

DIE MP 38 UND 40 (SCHMEISSER)

Die Funktionsweise der beiden Maschinenpistolen war gleich, sie unterschieden sich nur durch ihr Aussehen. Die MP 38 hatte einen glatten Mantel, die MP 40 einen gefurchten. Die frühe Form hatte den Nachteil, keinen Sicherungsflügel zu haben, sondern nur eine Kerbe, in die der Hahn paßte. Die MP 40 war bis zum Kriegsende die Standardwaffe.

Kaliber	9 mm
Länge	85 cm
Gewicht	4 kg ohne Magazin

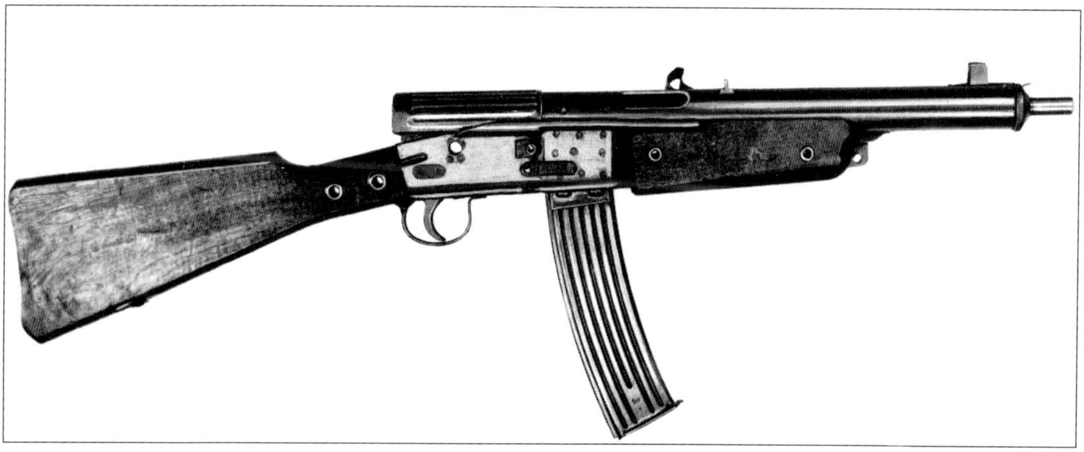

Das Volksgewehr wurde erst so spät eingeführt, daß nur noch wenige Exemplare ausgegeben wurden.

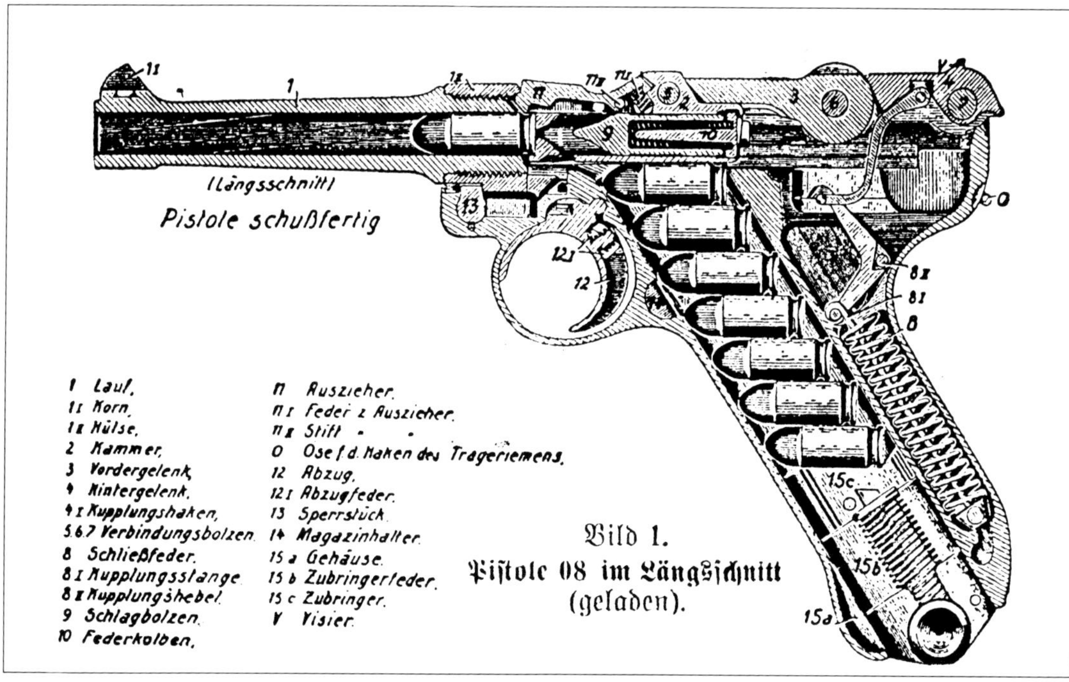

Schnittzeichnung einer Pistole 08, einer Luger, die Kammer gefüllt mit 9-mm-Munition.

Magazin	32 Schuß
Feuerrate	500 Schuß/Minute zyklisch; 150 Schuß/Minute praktisch
Reichweite	100 m mit Kampfvisier; 210 m mit aufklappbarer Kimme

DIE MP 43 MASCHINENPISTOLE

Eine revolutionäre Waffe, da ihre Teile aus gepreßtem und nicht aus zerspantem Metall gemacht waren. Sie feuerte auch Standardgewehr-/Maschinengewehrkugeln mit Kaliber

Die MP 38 war eine der ersten in Dienst genommenen Maschinenpistolen. Ihr Nachfolgemodell, die hier gezeigte MP 40, war eine verbesserte Version der MP 38.

Ein Leicht-Maschinengewehr-Posten 1944 im Schnee an der Ostfront.

Das Sturmgewehr wurde 1943 eingeführt, doch dann wurde seine Produktion gestoppt und erst 1944 wiederaufgenommen.

Das Standard-Maschinengewehr, mit dem die deutschen Streitkräfte in den Zweiten Weltkrieg eintraten, war das MG 34, hier in seiner leichten Version auf einem Zweibein.

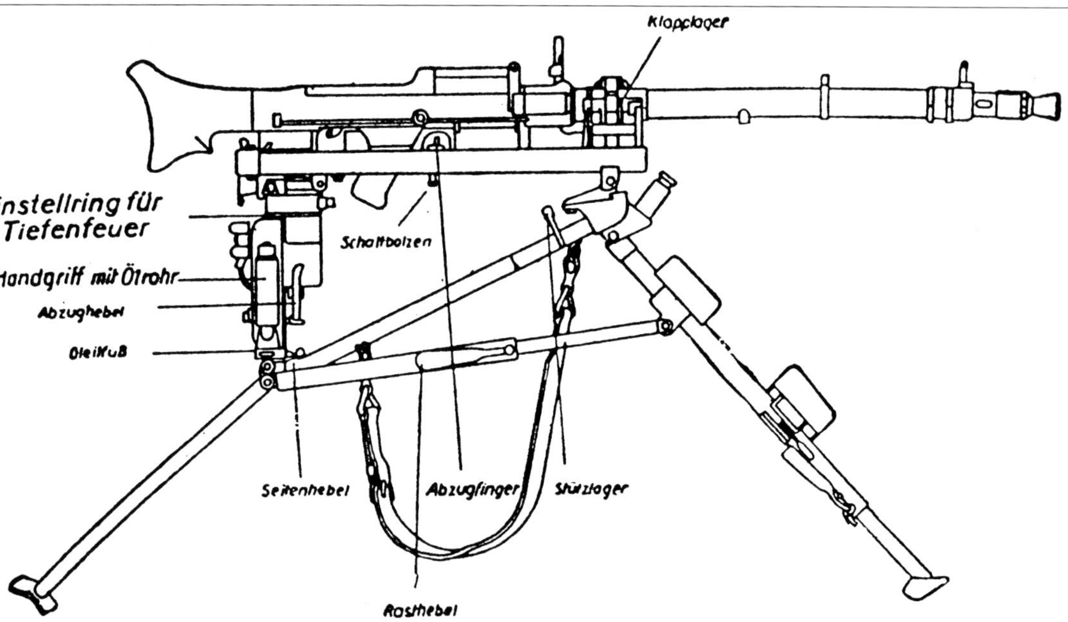

Zwei Zeichnungen des Maschinengewehrs MG 34 in seiner schweren Version auf einem Dreibein.

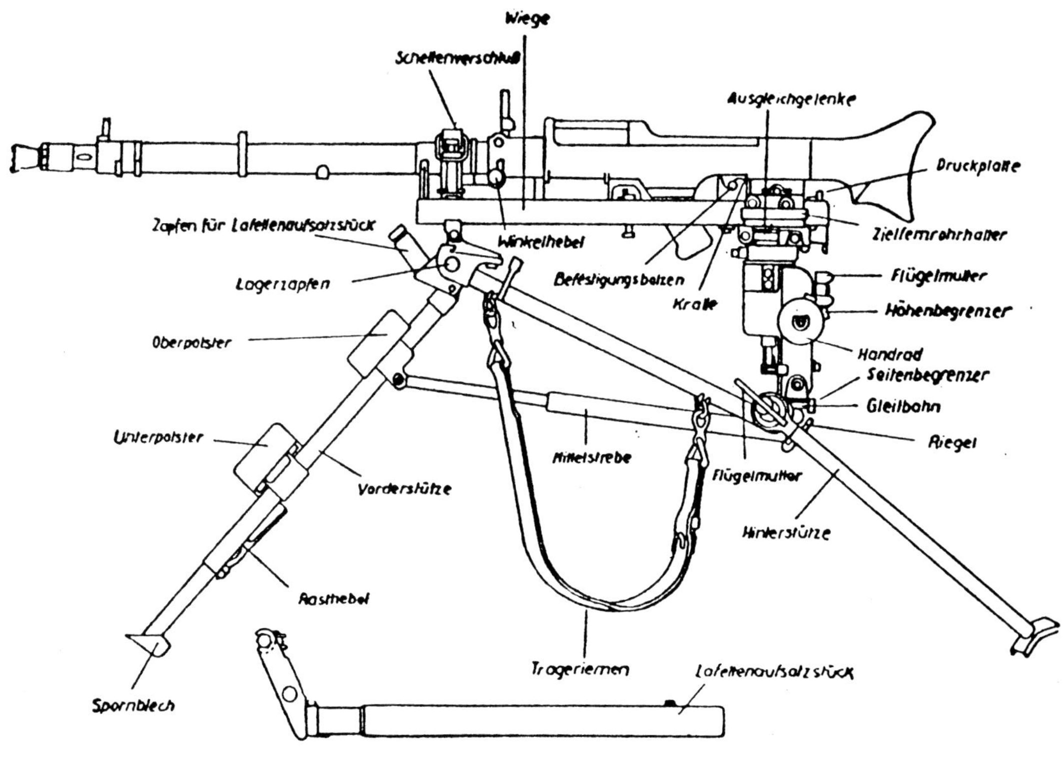

7,92 mm, doch mit weniger Ladung, um den Rückstoß zu verringern. Die MP 43 war schwer zu tragen und im Einsatz unzuverlässig.

Kaliber	7,92 mm (gefeuert wurde eine kurze Gewehrmunition)
Länge	94 cm
Gewicht	5 kg
Magazin	38 Schuß in einem leicht gekrümmten Magazin
Visier	Klappkimme
Reichweite	870 m

DAS STURMGEWEHR 44

Diese Waffe sollte die Hauptmaschinenpistole mit kurzer Reichweite im deutschen Heer werden, doch zu wenige wurden als Ersatz ausgegeben. Die Schießvorschrift für das Sturmgewehr legte fest, daß ein Feuerstoß wegen der starken Rückstoßvibrationen nur aus fünf Runden bestehen sollte.

Kaliber	7,92 mm (gefeuert wurde eine kurze Gewehrmunition)
Länge	94 cm
Gewicht	5,6 kg

MASCHINENGEWEHRE

Das MG 34 war das Standard-Maschinengewehr bei den deutschen Streitkräften und blieb es bis zu seiner Ablösung durch das MG 42. Dieses wurde seinerseits durch das MG 45, auch als M 3 bekannt, ersetzt. Alle drei Waffen konnten als leichtes (LMG) oder als schweres Maschinengewehr (SMG) eingesetzt werden. Der Wechsel vom LMG zum SMG wurde vollzogen, indem es auf einem Dreibein montiert wurde.

Kaliber	7,92 mm (7,62 mm im Fall des MG 45)
Länge	122 cm
Gewicht	12 kg als leichtes Maschinengewehr auf einem Zweibein 19 kg als schweres Maschinengewehr auf einem Dreifuß
Ladung	Metallgürtel oder Trommel
Feuerrate	900 Schuß/Minute (zyklisch) als leichtes Maschinengewehr 300 Schuß/Minute (zyklisch) als SMG (die späteren Versionen MG 42 und 45 hatten höhere Feuerraten)
Reichweite	600–800 m (LMG) 2000–2500 m (SMG)

GRANATWERFER (SCHIESSBECHER)

Der becherförmige Werfer konnte auf jedes gebräuchliche Gewehr aufgesetzt werden. Er feuerte kleine Granaten, hochexplosive Rauch- oder Leuchtgranaten wie auch Panzerjägergranaten.

Er bestand aus einem kurzen 30-mm-Rohr, das auf die Mündung geschraubt und von einem Paar Haken gehalten wurde. An der linken Seite des Gewehrs befand sich ein Granatenvisier, das für eine Reichweite von 50 bis 250 m geeicht war.

Die Granate des Werfers wurde durch eine spezielle Platzpatrone geworfen. Einer von zehn Männern trug den Schießbecher und daneben zehn hochexplosive und fünf Panzerjägergranaten.

RAKETENGETRIEBENE WAFFEN

In den mittleren Kriegsjahren gab es in der deutschen Taktik zur Bekämpfung der alliierten Panzer eine dramatische Veränderung, und zwar durch die Einführung raketengetriebener Granaten, die von einem oder zwei Männern abgeschossen werden konnten. Diese Waffen hatten kurze Reichweiten, so daß die gepanzerten Fahrzeuge des Feindes damit aus der Nähe angegriffen werden mußten.

DIE PANZERFAUST 30 ODER FAUSTPATRONE 2

Sie war die erste Waffe, die raketengetriebene Granaten warf. Ihre wirksamste Reichweite

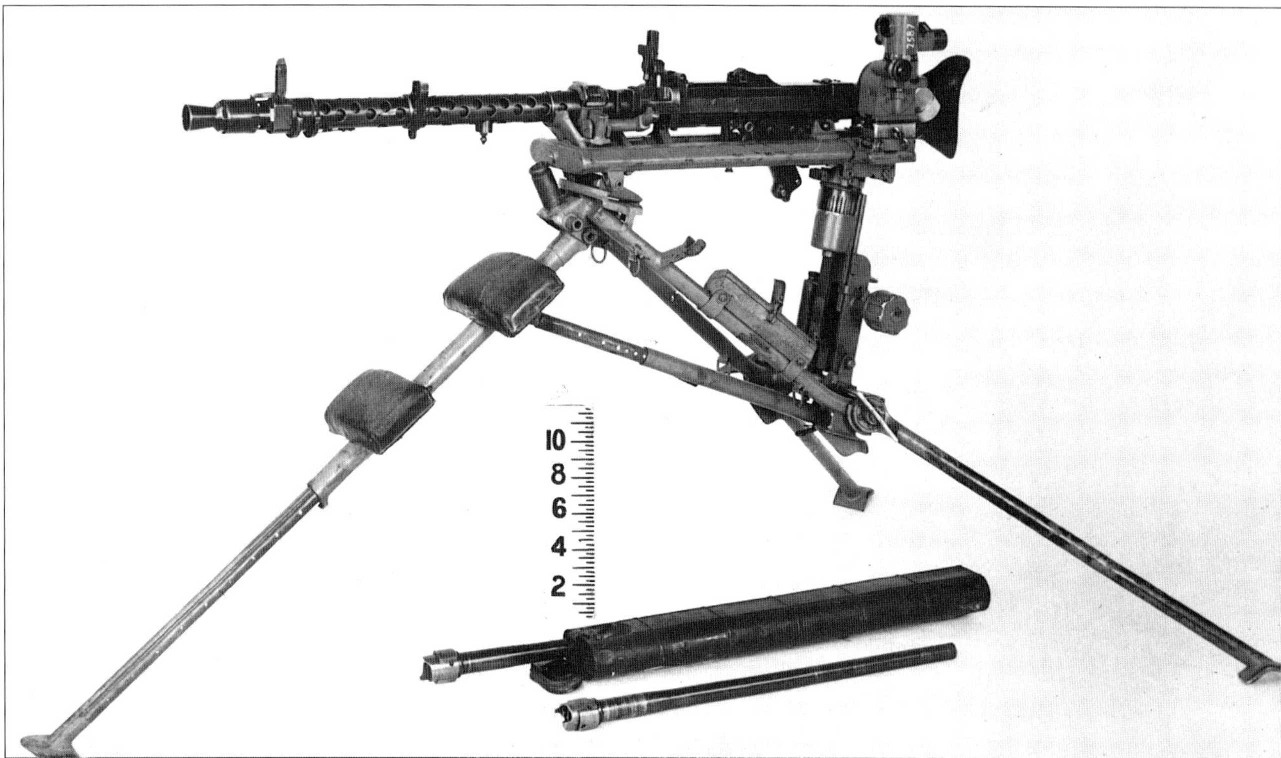

Das Standard-Maschinengewehr MG 34. Hier sieht man es auf einem Dreibein als schweres Maschinengewehr und als leichtes Maschinengewehr auf einem Zweibein.

Der Nachfolger des MG 34 war das MG 42, das eine höhere Feuerrate hatte. Hier in seiner leichten Version auf einem Zweibein,

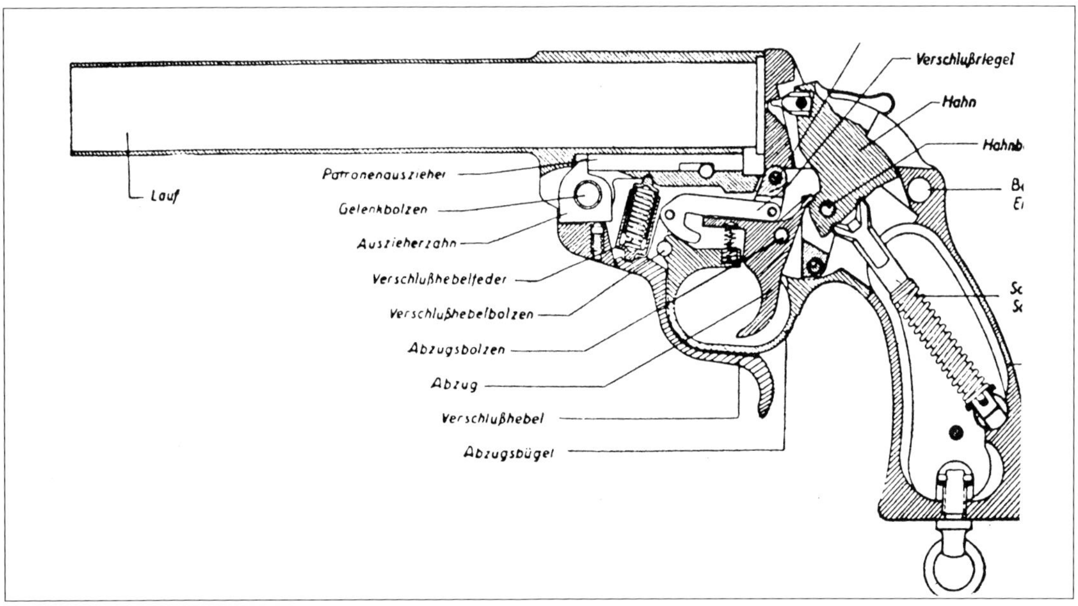

Schnittzeichnung einer deutschen Leuchtpistole. Spätere Versionen dieser Waffe wurden nachgebohrt, um mit ihr kleine Granaten abfeuern zu können.

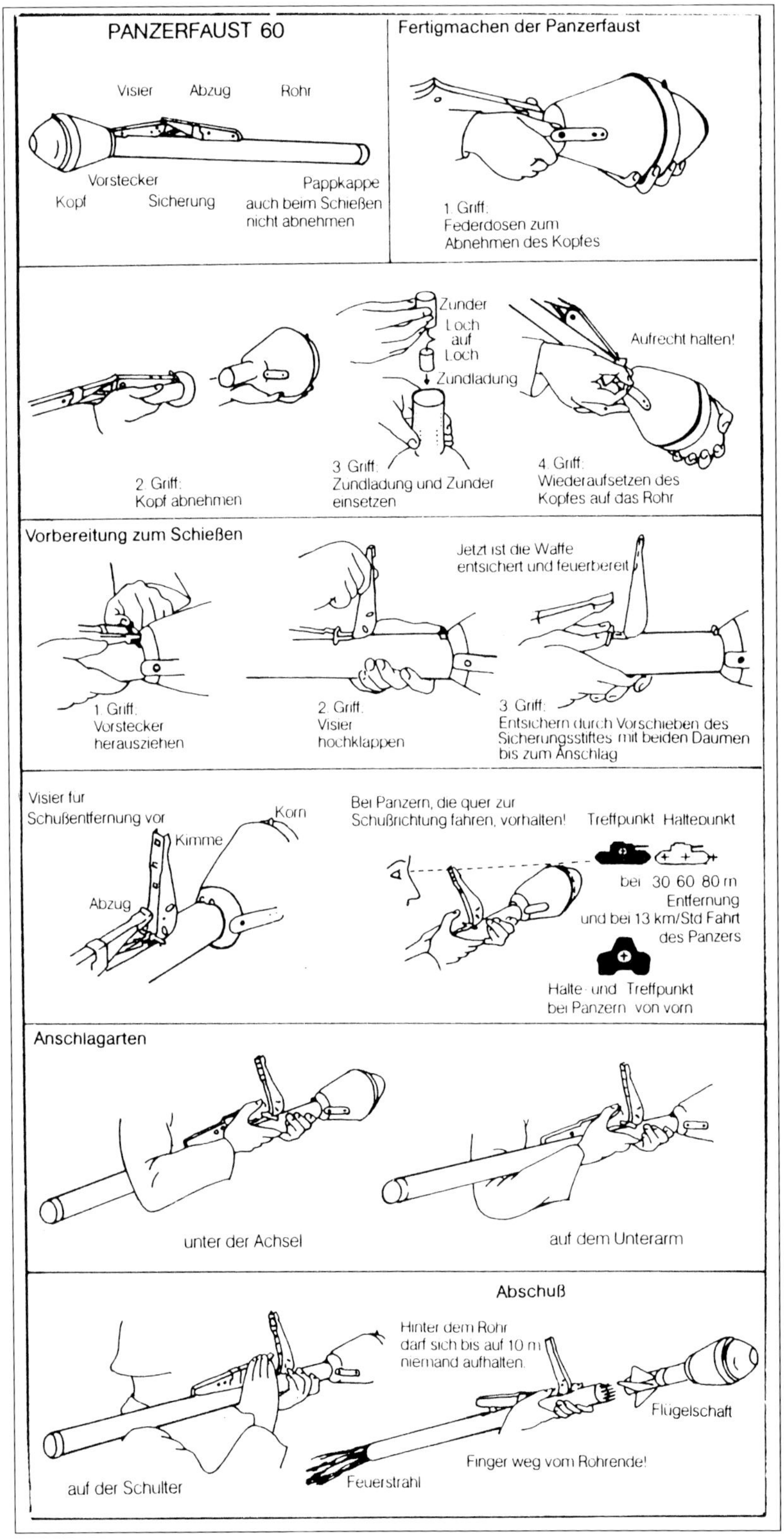

Eine Seite aus einem deutschen Handbuch, die zeigt, wie die Panzerfaust 60 scharf gemacht und abgefeuert wurde.

Fallschirmjäger bringen Nachschub an einschüssigen Panzerfäusten.

betrug 30 m, auf diese Distanz durchschlug die Granate eine 18-cm-Panzerung.

Sie bestand aus einem hohlen Stahlrohr von 2 cm Durchmesser. Eine zwiebelköpfige Bombe wurde im Feuerrohr plaziert und der Kopfteil der Bombe aus dem Vorderende geschossen. Die Basis der Bombe bestand aus einem mit einem Treibsatz gefüllten Schaft mit stabilisierenden Finnen.

Das Gesamtgewicht einer Panzerfaust 30 betrug nur 5 kg, diese leichte und bewegliche Waffe konnte also aus einer Vielzahl von Stellungen abgefeuert werden: liegend, knieend oder stehend. Der Zielmechanismus war einfach: ein senkrechtes Metallstück nahe am Ende des Feuerrohres.

Ehe eine Granate ins Rohr gesteckt wurde, wurden ihre Stahlfinnen rund um den Antriebsschaft abgeklappt. Beim Abfeuern öffneten sich die von Federn aktivierten Finnen und hielten die Granate auf Kurs. Das Abfeuern erzeugte einen Antriebs-Feuerstrahl. Wie alle Panzerfaust-Waffen war auch diese nur für einen einzigen Schuß gedacht. Danach war das hohle Feuerrohr unbrauchbar.

Die Verbesserung des Panzerschrecks war eine Version auf Rädern, das „Püppchen". Hier sieht man sie bedient von einem britischen Soldaten.

noch eine spätere Version von Püppchen: den „Panzertod". Diese Waffe sollte eine 105-mm-3-kg-Bombe über eine Entfernung von 500 m werfen. Das Ende des Krieges im Mai 1945, verbunden mit der späten Erfindung der Waffe, hatte zur Folge, daß sie nie zum Einsatz kam.

GRANATEN UND MÖRSER

HANDGRANATEN

Die Handgranate wurde von den Soldaten des deutschen Heeres der „Mörser des armen Mannes" genannt, da sie von einem einzelnen Soldaten geworfen wurde. Es gab zwei Grundtypen: die Stielhandgranate und die Eihandgranate.

Stielhandgranate

Länge	17,75 cm
Gewicht	0,2 kg
Zünder	eine 0,2-kg-Abzugsschnur im Stiel aktivierte die Granate

Die Stielhandgranate bestand aus zwei Teilen. Der Kopf in Form einer Konservendose hatte an seiner Basis einen kleinen Vorsprung, an dem der Zünder und die Zündschnur angebracht waren. Der zweite Teil der Granate war der Holzstiel, an dessen Basis sich ein angeschraubtes Metallkäppchen befand. Die beiden Teile wurden zusammengesetzt, sobald der Zünder angebracht war. Vor dem Werfen der Bombe wurde das Käppchen abgeschraubt. Eine Schnurschlinge und eine blaue Perle fielen dem Soldaten in die Hand. Zog er

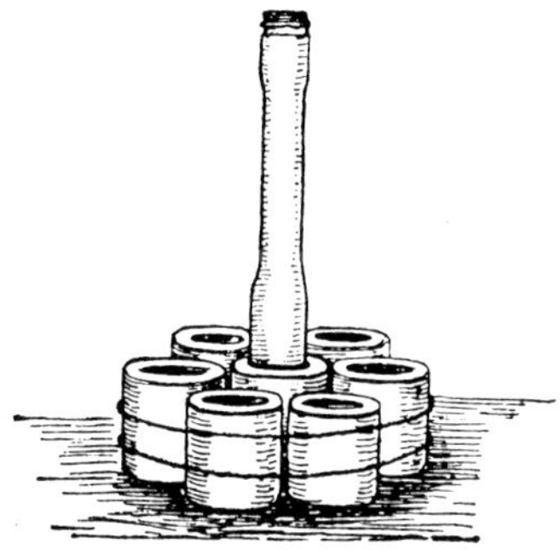

Bild 1. **Geballte Ladung.**

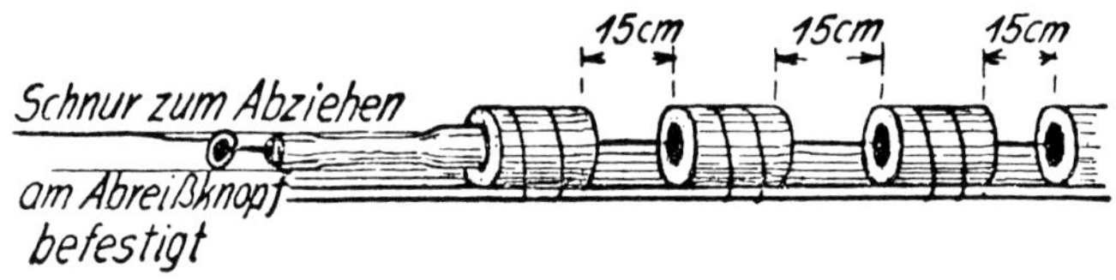

Bild 2. **Gestreckte Ladung.**

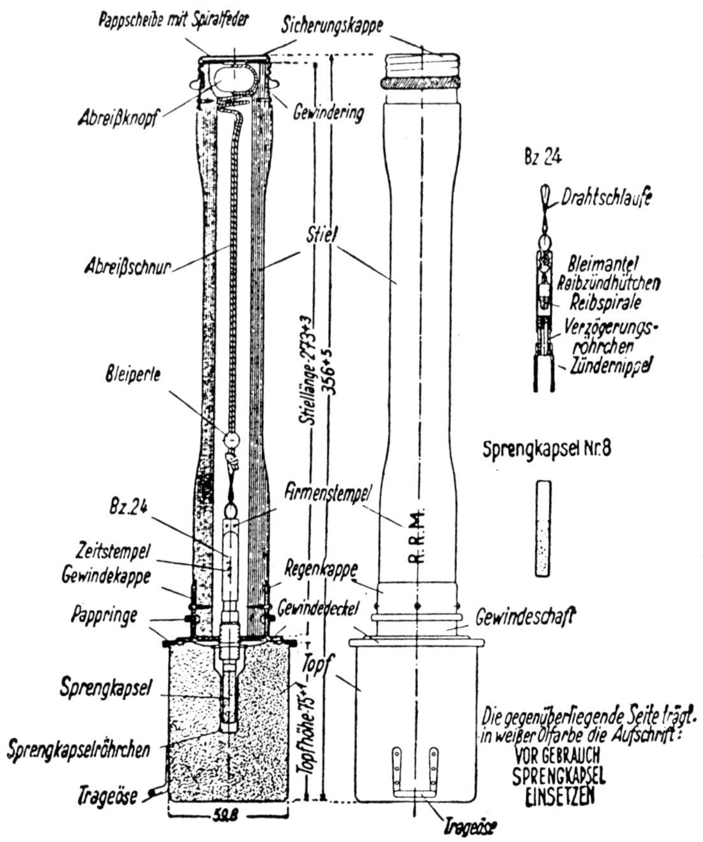

Die Stielhandgranate war eine vielseitige Waffe. Durch Anordnung etlicher Köpfe um eine einzelne komplette Granate konnte man einen zerstörerischen Sprengsatz bilden. Befestigte man eine Reihe von Granatköpfen in Intervallen an einem Stück Holz, so entstand die sogenannte „gestreckte Ladung", die zur Sprengung von Stacheldrahthindernissen benutzt werden konnte.

die Schnur, so wurde der Zünder aktiviert. Man konnte eine Reihe von Granatköpfen zu einem hochexplosiven Sprengsatz namens „geballte Ladung“ versammeln. Oder die Köpfe konnten unter Stacheldraht gesteckt werden und als „gestreckte Ladung“ dienen.

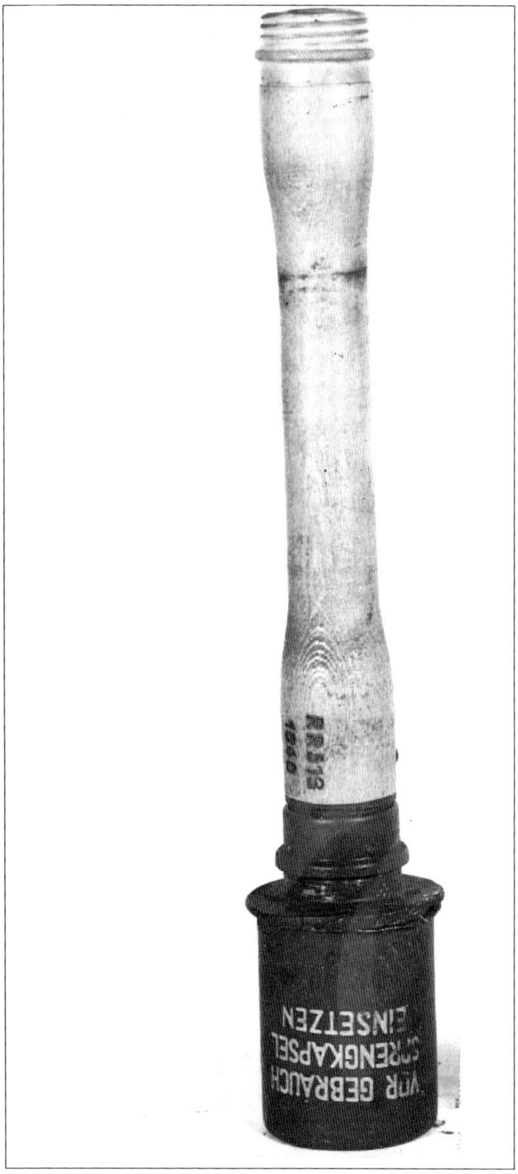

Die Standard-Handgranate im deutschen Einsatz war das Modell 24. Sie besaß einen mit Sprengstoff gefüllten Kopf und einen Holzschaft, in dem sich Zündschnur und Zünder befanden. Zog man die Schnur, so aktivierte dies den Zünder, der nach vier Sekunden den Sprengstoff explodieren ließ.

Eihandgranate

Auch dieser leichtgewichtige Sprengsatz wurde scharf gemacht, indem man ein Käppchen an seiner Spitze abschraubte und die darunterliegende Schnur zog.

DER 50-MM-MÖRSER

Gewicht	12,5 kg
Granatengewicht	1 kg
Reichweite	500 m
Feuerart	durch einen Zapfen, aktiviert durch ein Rad an der Seite des Werfers

DER 81-MM-MÖRSER

Dies war der feststehende Standard-Mörser in deutschem Gebrauch.

50-mm-Leichter Mörser im Einsatz in Italien 1944.

Die beiden Standard-Mörser der deutschen Infanterie-Einheiten. Links das 81-mm-Geschütz, das sein Geschoß aus einem fixierten Feuerrohr abschoß, rechts der 50-mm-Mörser, der durch ein Rad bedient wurde, das einen feuernden Zapfen aktivierte.

Gesamtgewicht	28 kg
Granatengewicht	2,25 kg
Max. Schwenkung	10°
Neigung	47–88°
Reichweite	1200 m

120-MM-MÖRSER 42

Die deutsche Kopie des russischen Mörsers, doch ausgestattet mit einem Fahrgestell. Seine Reichweite und die Schwere seiner Granate verliehen ihm die Stärke einer Feldhaubitze.

Gesamtgewicht	280 kg
Granatengewicht	16 kg
Schwenkung	16°
Neigung	45–85°
Reichweite	6600 m

105-MM-NEBELWERFER

Diese größere Version des 81-mm-Mörsers feuerte ursprünglich Rauchgranaten.

Gewicht	105 kg
Schwenkung	13°
Neigung	45–80°
Reichweite	3300 m

Der 120-mm-Mörser, hier auf seinem fahrbaren Untersatz.

Der Panzerwerfer 42 feuerte von seinem Halbkettenfahrzeug-Aufsatz eine Salve von zehn 15-cm-Raketen.

Der Nebelwerfer war eine wirkungsvolle Waffe gegen Infanterie. Er feuerte sechs Geschosse, die durch die Luft pfiffen und ein nervtötendes Geräusch machten. Hier werden die Granaten in die Trommel geladen, aus der sie durch einen elektrischen Auslöser abgefeuert wurden. Der Abschuß erzeugte viel Feuer und Rauch.

Der Panzerwerfer 42 war eine motorisierte Version des normalen Nebelwerfers. Hier werden gerade die zehn 15-cm-Rohre eines Panzerwerfers 42 geladen.

15-CM-NEBELWERFER 41

Dieser sechsrohrige Raketenwerfer wurde 1942 in Dienst genommen und war eine Abart der russischen vielrohrigen Waffe, mit der das deutsche Heer es kurz nach der Invasion in der Sowjetunion zu tun bekommen hatte.

Die Version des deutschen Heeres war einem 3,7-cm-PAK-Fahrgestell angepaßt, konnte aber auch auf einem Halbkettenfahrzeug befestigt werden. Vier Mann bedienten sie.

Die abgefeuerten Granaten waren 2,5 kg schwer und konnten etwa 7000 m weit gefeuert werden. Beim Abfeuern der Waffe entstanden große Rauchwolken, die Granaten wurden von einer Rauchspur begleitet. Das Geräusch, das die Geschosse im Flug verursachten, war zermürbend – die Alliierten nannten die Waffe meist „Moaning Minnie“, Heulsuse.

MINEN

Im Zweiten Weltkrieg war der Einsatz von Landminen weit verbreitet. Legte man zunächst einzelne Minen als Hindernisse, so entwickelte sich dies bald zu Minengürteln und dann zu Minenfeldern. Schließlich wurden große Gebiete mit diesen Waffen übersät.

Mit dem ausgiebigen Gebrauch kam die Notwendigkeit, die vom Feind gelegten Minen zu entdecken. Das deutsche Heer entwickelte daher zur Tarnung Minen aus Glas, Holz und Beton. Deutsche Antipersonenminen konnten schon durch das Gewicht eines menschlichen Fußes ausgelöst werden, während die Antipanzerminen nur durch das Gewicht eines Fahrzeuges explodierten.

Alle Minen, besonders die Antipanzerminen, konnten mit einer Vorrichtung ausgestattet werden, die sie in eine Minenfalle

Zwei SS-Grenadiere vor einer Mission zur Panzerzerstörung. Einer trägt eine Tellermine, die er unter die Ketten eines Panzers werfen wird. Ostfront, 1943.

verwandelte. Die hauptsächlich verwendete Antipanzermine, die Tellermine, wurde vom Soldaten im Nahkampf benützt und entweder an der Außenseite des feindlichen Fahrzeugs befestigt oder direkt unter seine Ketten geworfen.

ANTIPERSONENMINEN

Von den alliierten Soldaten am meisten gefürchtet und am wirkungsvollsten war die S 35, die entweder durch Daraufsteigen oder durch einen Stolperdraht ausgelöst wurde, seltener durch elektrische Zündung.

Zur Explosion durch Fußtritt wurde die S-Mine mit dem Z-35-Zünder scharf gemacht, der schon durch ein Gewicht von 6,8 kg ausgelöst wurde. Der Zünder für einen Stolperdraht wirkte durch Zug und konnte an zwei oder drei Drähten angebracht werden. Die S-Mine hatte zwei ineinandergepaßte zylindrische Metallgehäuse. Das äußere enthielt eine Treibladung und einen Auslöser mit 4,5 Sekunden Verzögerung. Bei Druck flog die innere Umhüllung in die Luft und löste den Zünder aus. Bei der Explosion wurden etwa 360 Stahlkugeln freigesetzt, die auf 20 m tödlich waren und bis 100 m verletzen konnten. Die S-35-Mine war 12,75 cm hoch und hatte 10 cm Durchmesser. Sie wog 4 kg.

Die S-44-Mine war eine Verbesserung der S 35 durch die Art, wie der 4,5-Sekunden-Verzögerungszünder arbeitete. Wenn die Mine hochflog, wurde ein Auslösebolzen aus dem Zünder gezogen und brachte die Ladung mit den Stahlkugeln zur Explosion.

Die S-Minen waren aus Metall und wurden daher mit den Metalldetektoren der Alliierten leicht entdeckt. Deshalb wurden sie oft mit einem Stolperdraht und Berührschutz-Vorrichtungen versehen.

Die Schu-42-Minen reagierten auf leichten Druck und wurden meist gemeinsam mit den Antipanzerminen eingesetzt, damit diese nicht entdeckt und abgenommen werden konnten. Der Körper der Mine war aus schwarz bemaltem Sperrholz oder Pappe und wog, mit Sprengstoff gefüllt und mit Zünder versehen, noch nicht einmal 0,5 kg.

Bereits ein leichter Druck auf den Deckel der Mine aktivierte den Zünder, indem ein Haltestift durchtrennt wurde, was einen Schlagbolzen auslöste, der die Mine zum Explodieren brachte.

Die 1943 entworfene Antipersonenmine war in Aussehen und Konstruktion der Schu-42-Mine ähnlich, ihre Ladung war aber mit 1,5 kg stärker.

Es gab noch andere Formen nichtmetallischer Minen, darunter einen Typ 42 aus Holz, eine aus Glas und die Topfmine. Das deutsche Heer verwendete auch die italienische Antipersonenmine aus einer frühen Form von Kunststoff, dem Bakelit.

ANTIPANZERMINEN

Von den vierzig Antipanzerwaffen war die Tellermine die häufigste. Vier Typen davon wurden am meisten benützt. Ihr Gewicht reichte von 6 kg bis 8,5 kg. Sie waren mit dem Tellermine-42-(15-)Zünder ausgestattet.

Die 42er Tellermine war eine verbesserte Version des 35er Typs, sie war zylindrisch und aus gepresstem Stahl. Ihr Durchmesser betrug 32 cm. In der Mitte der Oberseite des pilzförmigen Deckels befand sich ein Zündkapselbehälter. Wegen ihres Gewichts hatte die Tellermine einen Tragegriff.

Zwei wasserdichte Fassungen hielten die Zugzünder, eine an der Seite der Mine, die andere am Boden. Eine zylindrische Fassung oben an der Mine hielt die Druckplatte von 15 cm Durchmesser, die aus einem Verschlußring und einer starken Feder bestand, welche zur Aktivierung der Mine heruntergedrückt werden mußte. In der Mitte der Platte befand sich die Fassung für den Zünder, einen T MI Z 42-(15-)Zünder.

Gemeinsam mit der 5,5-kg-Sprengstofffüllung wog die 42er Tellermine 8 kg.

Wurde auf die Druckplatte ein Druck von mehr als 225 kg ausgeübt, dann wurde eine sechseckige Kappe auf den Kopf des Schlagbolzens heruntergedrückt, und dieser hieb den Haltestift des Auslösers durch, der sich im Inneren des Zünders befand.

Die 35er Tellermine wog 9,5 kg. Der Deckel war gerillt, und die Druckplatte nahm die gesamte Oberseite ein. Sie hatte den Standardzünder T MI Z 35, konnte aber auch mit dem 42er Zünder ausgestattet sein. Der Durchmesser betrug 32 cm, das Füllgewicht 8,75 kg. Zur Explosion war ein Druck von 80 bis 180 kg nötig.

Es gab davor noch andere Versionen. Die T Mi 29 explodierte bei 45 bis 125 kg Druck

Der Flammenwerfer war eine beim deutschen Heer beliebte Waffe, aber auch gefährlich, da die Zwei-Mann-Teams Ziel feindlicher Scharfschützen waren. Hier sieht man Rekruten einer Pionier-Einheit, die an der Waffe ausgebildet werden.

und war mit 4,5 kg Explosivstoff gefüllt. Ihr Gesamtgewicht war 6 kg. Die leichte Antipanzermine wog 3,5 kg, davon waren 2,25 kg Sprengstoff. Ihr Durchmesser betrug 30,5 cm, ihre Höhe 7,5 cm.

Die Topfmine war eine von jenen Minenarten, die so konstruiert wurden, daß sie vor der Entdeckung durch Minensuchgeräte sicher sein sollten. Sie bestand aus einer hohlen, zylindrischen Scheibe aus Kunststoff, gefüllt mit Sprengstoff. Der Auslöser war aus Glas, mit einem Zünder aus Pappe.

Die Riegel Antipanzermine war ein 80 cm langer Kasten mit einem Einsatz, der 4 kg des Sprengstoffs Amatol enthielt. Der Deckel des Kastens ruhte auf dem Sprengsatz. Bei Druck auf den Deckel wurden zwei Drähte gekappt, die den Bolzen des Zünders auslösten und damit zur Explosion führten.

Die beiden wichtigsten Zünder in den Antipanzerminen waren folgende:

T Mi Z 35

Der Tellerminenzünder 35 wurde mit Stolperdrähten verwendet, um Minenfallen zu erzeugen. Er bestand aus einem Messingkörper, in dem sich ein gleitender Zylinder, eine zusammengedrückte Feder, der Schlagbolzen und dessen Feder befanden. Eine Abart dieses Zünders konnte entweder mit einem Stolperdraht eingesetzt werden oder so angebracht werden, daß der Zünder aktiviert wurde, sobald der Draht durchtrennt wurde.

T Mi Z 42

Der Tellerminenzünder 42 war ein einfacher Schlagbolzen aus Stahl, der von einem Draht gegen den Druck einer Stahlfeder gehalten wurde.

KAPITEL SIEBEN

DIE PANZER

EINLEITUNG

Der Militärhistoriker Matthew Cooper beschrieb den Panzerteil des deutschen Heeres als „einen Fehlschlag. Ein ruhmreicher Fehlschlag, doch ein Fehlschlag ... Die Bedeutung dieses Fehlschlags war immens. Die Panzer-Divisionen, die primäre Angriffswaffe, war sowohl taktisch wie auch strategisch unentbehrlich geworden ... Auf dem Glück der gepanzerten Streitkraft beruhte das Geschick des ganzen Heeres ..." Er schloß, daß die Schuld am Untergang der Panzerwaffe bei Hitler und den Heereskommandaten lag, „die die Folgen dieser neuen, revolutionären Lehre nicht ganz verstanden und diese Kraft ständig falsch einsetzten, von der inzwischen ihr Schicksal abhängen sollte". Zusätzlich vernachlässigten sie Ausrüstung und organisatorische Erfordernisse, was die Möglichkeiten der Panzerwaffe im Feld einschränkte.

Hitler war vom Zusammenwirken von Panzern mit anderen Waffenteilen beeindruckt. 1933, nachdem er eine Vorführung beweglicher Truppen gesehen hatte, äußerte er sich enthusiastisch, obwohl Theorie und Praxis der Panzerung beim deutschen Heer nicht neu waren. Vielmehr wurde Deutschlands gepanzerte Streitmacht in den zwanziger Jahren in den Steppen Rußlands geboren. Die Bedingungen des Versailler Vertrags verboten gepanzerte Kampffahrzeuge für die deutsche Reichswehr. Um diese Einschränkung zu umgehen, trafen die Regierung der Weimarer Republik und die Sowjetunion ein heimliches Übereinkommen: Die Sowjetunion würde einen riesigen Landstrich für

Der Standartenträger einer Panzer-Einheit auf Parade durch die Straßen der Garnisonstadt der Einheit bei der Rückkehr vom aktiven Dienst.

In den Jahren, in denen die deutsche Reichswehr keine gepanzerten Kampffahrzeuge haben durfte, erhielten solche Maschinen den Decknamen „industrieller Traktor". Dieser hier zieht ein Artillerie-Geschütz.

Erweiterung des Heeres und damit zum Aufbau einer Panzer-Streitmacht.

Schon im Juli 1935 führte eine ad hoc zusammengestellte Panzer-Division eine Übung durch, die zeigte, daß die Bewegung und die Kontrolle größerer Panzer-Einheiten möglich war. Noch mehr: Eine Generalstabsübung hatte den Einsatz eines ganzen Panzer-Korps in Aktion studiert. 1935 wurde ein neuer Waffenzweig geschaffen und das Gepanzerte-Truppen-Kommando eingerichtet, gefolgt von der Aufstellung der ersten drei Panzer-Divisionen. Das Gepanzerte-Truppen-Kommando hatte noch keine wirkliche Autorität, da man Panzer nicht als gleichberechtigten Partner des Infanterie-, Kavallerie- und Artillerieteils ansah.

General Guderian wurde Chef der Mobilen Truppe und übernahm die Verantwortung für die Entwicklung und Schulung des gesamten motorisierten Teils des Heeres. So hatte er direkten Zugang zu Hitler.

1938 wurden zwei weitere Panzer-Divisionen geschaffen und zugleich eine Kommandostruktur, die der Panzerwaffe zumindest theoretisch erlaubte, einer der Partner im Feldheer zu sein.

Eine Sache war, als Partner akzeptiert zu sein, eine andere war die dafür nötige Ausrüstung. Die Panzer, die die gepanzerten Einheiten benötigten, wurden an Nicht-Panzer-Einheiten ausgegeben. Außerdem war die Qualität der Panzer schlecht. Die meisten waren vom Typ Panzer I und Panzer II, der nicht nur veraltet, sondern auch schlecht bestückt und gepanzert war. Und im November 1938 wurden drei leichte (mobile) Divisionen aufgestellt. Diese wurden zusammen mit einer vierten Division anstelle von Panzer-Divisionen geschaffen.

Erst 1940 teilte das OKW alle deutschen Panzer seinen Panzer-Divisionen zu. Doch diese erfreuliche Situation währte nur kurz. In den mittleren Kriegsjahren war ein Fünftel der gepanzerten Kampffahrzeuge immer noch außerhalb eines Divisionsrahmens. Ein letzter Faktor war, daß die deutsche Führung Pläne für neue Typen von Ersatzpanzern vernachlässigte. Neben den bestehenden Typen III und IV traf man keine Vorbereitung zur Produk-

Diese Offiziere waren jene Männer, die die Kunst des Blitzkriegs entscheidend förderten. Links sitzend sieht man General Nehring, den Panzer-Theoretiker. Nicht uniformiert sitzt in der vorderen Reihe General Guderian.

tion geeigneter Panzerbestände, anderer gepanzerter Fahrzeuge oder neuer Panzertypen. Erst 1943 erhielt die Produktion von gepanzerten Kampffahrzeugen oberste Priorität. Die Gesamtproduktion von Panzern betrug im September 1939, dem zweiten Kriegsmonat, nur fünfzehn Maschinen.

Die deutsche Überlegenheit bei Panzer-Operationen im Krieg beruhte nicht auf der Zahl oder Qualität der eingesetzten Geräte, sondern auf überlegener Organisation und Ausbildung.

Im Polenfeldzug wurde die Panzer-Streitmacht nicht so eingesetzt, wie Guderian und die anderen Theoretiker geplant hatten. Stattdessen war es die Schnelligkeit, mit der sich das gesamte deutsche Heer bewegte – nicht nur die der Panzer-Divi-sionen, die den Sieg brachte. Das deutsche Heer hatte 2100 Panzer eingesetzt und 218 davon verloren. Ernster als der zehnprozentige Verlust wog die hohe Rate an mechanischen Ausfällen, die jederzeit 25 Prozent der Maschinen nicht einsatzfähig machten.

Bis 1940, als der Krieg im Westen begann, verbesserte sich diese Situation nicht. Beim Westfeldzug waren von insgesamt 2574 Maschinen nur 627 schwerere Panzer III und IV, der Rest veraltete Panzer I und II. Trotzdem focht die Panzerwaffe, wie Guderian notierte, ihren Kampf mehr oder weniger ohne Störung durch das OKW und konnte infolgedessen dramatische Erfolge erzielen.

Eines der damals noch seltenen Beispiele für einen direkten Eingriff Hitlers war sein Anhalten der Panzer-Divisionen vor Dünkirchen, was den Briten die Evakuierung des Hauptteils ihrer Armee ermöglichte.

Die Erfahrungen durch den Sieg im Westen machten klar, daß der Panzerteil des Heeres schon bald zu einem gleichberechtigten Partner der Infanterie werden würde.

Hitler war entschlossen, die Sowjetunion anzugreifen, brauchte dazu aber eine größere Zahl von Panzer-Divisionen. Dazu hätte er den Ausstoß der deutschen Panzerfabriken erhöhen lassen können. Statt dessen machte er sich vor, daß Zahlen und Stärke gleichbedeutend seien und erhöhte die Zahl der gepanzerten Divisionen von 10 auf 21, indem er einfach die Stärke an gepanzerten Kampffahrzeugen jeder Division halbierte. So hatte jede Division nur ein Panzer-Regiment mit 150 bis 200 Maschinen. Hitler war überzeugt, daß eine Panzer-Division mit einem gepanzerten Regiment dieselbe Schlagkraft wie eine Division mit zwei Regimentern habe. Das war ein fataler Fehler, besonders da die Panzerproduktion in den ersten sechs Monaten des Jahres 1941 monatlich im Schnitt nur 212 Fahrzeuge betrug. Die Gesamtzahl der verfügbaren Maschinen für den neuen Krieg gegen Rußland betrug 5.262, wovon nur 4.198 als Front-Panzer angesehen werden konnten, und davon waren nur 1.404 besser bewaffnete Panzer III und IV. Diese, so gut sie auch waren, sollten bald auf die überlegenen T 34 und KV I der Roten Armee treffen. Obwohl in jeder Hinsicht unterlegen, mußten die Panzer III und IV an der Front bleiben, bis der Panzer V (Panther) und der Panzer VI (Tiger) in die Schlacht geworfen werden konnten.

Ein Beispiel für die Blindheit des Generalstabs lieferte General Halder, der zufrieden schien, daß bis Ende Juli 1941 431 neue Panzer produziert sein würden. Dabei war dies weniger als die Hälfte der in diesem Zeitraum verlorenen Maschinen. Den ganzen Krieg hindurch konnte der Ersatz die erlittenen Verlusten nicht ausgleichen.

Zusammenfassend: Die deutsche Industrie war für eine Massenproduktion gepanzerter Kampffahrzeuge nicht ausgerüstet. Die, die sie erzeugte, waren dem Gegner unterlegen – jedenfalls bis der Panther und der Tiger kamen. Obwohl die Panzerwaffe bis zum Ende heldenhaft kämpfte, war sie ab 1943 stark in der Defensive, von einigen wenigen Einzeloffensiven abgesehen.

Am schlimmsten war, daß der Oberbefehlshaber Hitler keinerlei Einschränkungen seiner strategischen Pläne duldete und große Panzer-Formationen über riesige Strecken schickte, ohne die Belastung für Mannschaften und Maschinen oder die Erschöpfung der Benzinvorräte des Reichs zu berücksichtigen, und daß er die ermüdeten Männer und erschöpften Maschinen dann gegen einen überlegenen Feind zu kämpfen zwang. Wegen dieses und anderer Faktoren hat Matthew Cooper recht mit seinem Urteil, daß die Panzerwaffe ein Fehlschlag war.

DIE PANZER

Die Panzer-Divisionen des Heeres trugen schließlich die Zahlen 1–27, 116, 232 und 233. Der Bestand enthielt auch sogenannte Panzer-Divisionen und leichte Divisionen, die später in den Panzerrang erhoben wurden. Als die Generalmobilmachung befohlen wurde, hatte das Heer fünf Panzer- und vier leichte Divisionen in seinem Bestand.

Der Infanterieteil der 1. Panzer-Division bestand aus dem 1. Schützen-Regiment, dieses aus zwei Bataillonen, jedes davon aus fünf Kompanien. Die 2. Panzer-Division umfaßte das 2. Schützen-Regiment mit zwei Bataillonen, jedes aus fünf Kompanien. Die 3. Panzer-Division enthielt das 3. Schützen-Regiment mit zwei Bataillonen, jedes mit fünf Kompanien. Der Infanterieteil der 4. Panzer-Division bestand aus dem 12. Schützen-Regiment mit zwei Bataillonen zu je vier Kompanien, und die 5. Panzer-Division hatte das 15. Schützen-Regiment mit zwei Bataillonen, zu je vier Kompanien, in ihren Reihen.

Die Kradschützen-Kompanie eines SS-Regiments. Polen, 1939.

Die Struktur der leichten Divisionen war nicht die übliche.

Zur 1. Leichten Division gehörte das 4. Kavallerie-Schützen-Regiment, das zu einer motorisierten Infanterie-Brigade umgebildet wurde, mit einem einzigen Infanterie-Regiment, einem Aufklärungs-Bataillon und einem Panzer-Regiment.

Die 2. Leichte Division hatte das 6. und 7. Kavallerie-Regiment, umgebildet zu zwei motorisierten Infanterie-Regimentern, ein Aufklärungs-Regiment und ein Panzer-Bataillon. Die Infanterie-Regimenter bestanden aus zwei Bataillonen zu je vier Abteilungen.

Die 3. Leichte Division hatte das 8. Kavallerie-Schützen-Regiment, umgebildet zum Infanterie-Regiment (motorisiert) mit zwei Bataillonen, jedes mit zwei Abteilungen. Dazu kamen ein Krad-Bataillon und ein Panzer-Bataillon.

Die 4. Leichte Division hatte das 10. und 11. Kavallerie-Schützen-Regiment, die zwei Infanterie-Regimenter und ein Panzer-Bataillon bildeten. Jedes der motorisierten Regimenter umfaßte zwei Bataillone zu je vier Abteilungen.

Zwischen dem Ende des Polenfeldzugs und dem Beginn des Krieges im Westen wurden die vier leichten Divisionen in den Status von Panzer-Divisionen erhoben und mit den Nummern 6 bis 9 bezeichnet. Aus drei Infanterie-Regimentern (mot.) wurde die 10. Panzer-Division geschaffen. Andere Infanterie-Regimenter sollten die Stärke der ersten drei Schützen-Regimenter auf drei Bataillone erhöhen und das 11. Schützen-Regiment bilden.

Im Herbst 1940 wurde die Zahl der Panzer-Divisionen von 10 auf 20 erhöht, 1941 kam die 21. Panzer-Division für den Dienst in Afrika dazu. Im Winter 1941/42 wurde die 22., 23. und 24. Panzer-Division gebildet. Die 24. wurde durch Umwandlung der 1. Kavallerie-Division geschaffen, deren berittene Regimenter in 21. und 26. Schützen-Regiment umbenannt wurden.

Mitglieder einer SS-Aufklärungs-Kompanie. Frankreich, 1940.

Am 5. Juli 1942 wurden die Schützen-Regimenter der Panzer-Divisionen in Panzergrenadier-Regimenter umbenannt und ihre Struktur verändert, wobei die Maschinengewehr-Kompanie, die zu jedem Bataillon gehört hatte, aufgelöst wurde. 1942 wurden die 25., 26. und 27. Panzer-Division gebildet. Zehn Divisionen wurden an der Ostfront und in Afrika zerstört, die 14., 16. und 24. Division gingen in Stalingrad verloren, während die 22. und 27. so schwere Verluste erlitten, daß sie aufgeteilt wurden. Die 14., 16. und 24. Division wurden sodann in Frankreich wiederaufgestellt. In Tunesien gingen die 10., 15. und 21. Panzer-Division verloren, ebenso die 90. Leichte Division und die 164. und 999. Leichte Afrika-Division. Die 15. und die 90. Leichte Division wurden als Panzergrenadier-Divisionen wiederaufgestellt. Auch die 21. Panzer-Division wurde in ihrer früheren Rolle neu gebildet. Doch weder die 164. Leichte noch die 999. Leichte Division wurden neu aufgestellt.

Die meisten Panzer-Divsionen wurden nach den Richtlinien eines Panzer-Divisions-Plans von 1943 umstrukturiert. Das erste Bataillon jeder Division wurde zu Panzergrenadieren, die mit ihren gepanzerten Fahrzeugen in den Kampf eingreifen konnten. Die ersten drei Kompanien des Bataillons hatten einen Kriegsbestand von 4 schweren, 39 leichten Maschinengewehren, 2 mittleren Mörsern und 7,5-cm- und 3,7-cm-Geschützen. Die 4. Kompanie verfügte über drei schwere PAK, 2 leichte Infanterie-Geschütze, sechs 7,5-cm-Geschütze und 21 Maschinengewehre.

Die 1., 2. und 3. Kompanie des Bataillons hatte nach dem neuen Divisionsschema je 4 schwere und 18 leichte Maschinengewehre sowie zwei mittlere Mörser. Die 4. Kompanie hatte 4 schwere Mörser, drei schwere PAK und drei Maschinengewehre. Die 9. hatte 6 Infanterie-Geschütze auf Ketten. Die 10. Kompanie war die Pionier-Kompanie. Sie war mit 12 Maschinengewehren und 18 Flammenwerfern ausgerüstet.

1943/1944 wurde die 18. Panzer-Division aufgebrochen, aus Einheiten von ihr wurde die 18. Artillerie-Division geschaffen. In dieser Phase wurde die „Panzer-Lehr-Division" aufgestellt, und aus drei Reserve-Panzer-Divisionen wurde die 9., 11. und 116. Panzer-Division geschaffen. Die militärischen Desaster vom Sommer 1944 führten zur Bildung der 101–113. Panzer-Brigaden, um die Panzer- und Panzergrenadier-Divisionen mit schweren Verlusten zu verstärken.

Im Herbst 1944 folgte das Heer dem Schema der SS, indem es zwei Panzer-Divisionen zu einer dauerhaften Korpsstruktur verband. Bis dahin waren die Heeres-Panzer-Korps-HQ Verwaltungseinheiten gewesen, denen die Divisionen nach Bedarf zugeteilt wurden. Dann wurden die Heeres-Panzer-Korps geschaffen, und „Großdeutschland", „Feldherrnhalle" und das XXIV. Panzer-Korps wurden gebildet. Das erste enthielt die Panzergrenadier-Division „Großdeutschland", die Panzergrenadier-Division „Brandenburg" und das Füsilier-Regiment „Großdeutschland". Das „Feldherrnhalle"-Korps hatte die 1. und 2. Division dieses Namens, und das XXIV. Panzer-Korps enthielt die 16. und die 17. Panzer-Division und das 29. Panzer-Füsilier-Regiment.

Die endgültige Umgliederung brachte die Bildung der „Panzer-Division 1945". Dies war eine interne Umgruppierung, die eine Panzer-Kampfgruppe schuf, da es nicht mehr genug Benzin für alle Panzerfahrzeuge gab und nur noch die Maschinengewehr-Kompanie und die Kompanie mit schweren Waffen mobil waren.

PANZER-DIVISIONEN DES HEERES

1. PANZER-DIVISION

Aufgestellt im Oktober 1935, kämpfte in Polen, an der Westfront und in Rußland. 1943 in Frankreich stationiert, dann am Balkan, ehe sie an die Ostfront zurückkehrte. Nach einem kämpfenden Rückzug beendete sie den Krieg in Österreich, wo sie sich den Briten ergab.

Zusammensetzung

Panzer-Regiment Nr. 1, Panzergrenadier-Regimenter Nr. 1 und Nr. 113

2. PANZER-DIVISION

Gebildet im Oktober 1935, focht in Polen, Frankreich, am Balkan und an der Ostfront. Im Januar 1944 wurde sie nach Frankreich verlegt, kämpfte in der Normandie und später in den Ardennen. Sie ergab sich bei Kriegsende in Plauen.

Zusammensetzung

Panzer-Regiment Nr. 3, Panzergrenadier-Regimenter Nr. 2 und Nr. 304.

3. PANZER-DIVISION

Aufgestellt im Oktober 1935, kämpfte sie in Polen, Belgien, Frankreich und in der Sowjetunion. Während der Rückzugsschlachten des deutschen Heeres 1944 war die 3. in Ungarn im Einsatz, ehe sie sich in Ostösterreich ergab.

Zusammensetzung

Panzer-Regiment Nr. 6, Panzergrenadier-Regimenter Nr. 3 und Nr. 394.

4. PANZER-DIVISION

Aufgestellt 1938, diente sie in Polen und in Frankreich, ehe sie an die Ostfront ging. Sie war am Rückzug durch Lettland im Herbst 1944 beteiligt, und nach Teilnahme an den Kurland-Schlachten zog sich die 4. nach Deutschland zurück, wo sich die Reste der Division den Amerikanern ergaben.

Zusammensetzung

Panzer-Regiment Nr. 35, Panzergrenadier-Regimenter Nr. 12 und Nr. 33.

5. PANZER-DIVISION

Aufgestellt im November 1938, kämpfte sie in Polen, im Westen, am Balkan und an der Ostfront. Ende 1944 kämpfte sie in den Kurland-Schlachten, wo sie schwer verlor. Die Reste der Division ergaben sich den Sowjets.

Zusammensetzung

Panzer-Regiment Nr. 31, Panzergrenadier-Regimenter Nr. 13 und Nr. 14.

6. PANZER-DIVISION

Sie war eine in der Reihe der kurz nach Kriegsausbruch 1939 aufgestellten Panzer-Formationen und wurde aus der 1. Leichten Division geschaffen. Die 6. diente im Frankreichfeldzug und wurde dann an die Ostfront verlegt. Im Mai 1942 wurde sie wieder instand gesetzt und kehrte im Dezember nach Rußland zurück. Nach der Stationierung in

Ungarn zog sie sich in die Tschechoslowakei zurück, wo sich ihre Überbleibsel ergaben.

Zusammensetzung

Panzer-Regiment Nr. 11, Panzergrenadier-Regimenter Nr. 4 und Nr. 114.

7. PANZER-DIVISION

Die 7. wurde im Oktober 1939 aus der 2. Leichten Division gebildet und diente erst in Frankreich, später dann an der Ostfront. Gegen Ende des Krieges kämpfte sie in den baltischen Staaten, ehe sie sich unter dem Druck der Roten Armee westwärts zurückzog.

Zusammensetzung

Panzer-Regiment Nr. 25, Panzergrenadier-Regimenter Nr. 6 und Nr. 7.

8. PANZER-DIVISION

Sie wurde im Oktober 1939 aus der 3. Leichten Division aufgestellt und kämpfte in Frankreich, am Balkan und an der Ostfront. 1944, als sie bei der Heeresgruppe Süd focht, zog sie sich zuerst in die Karpaten, dann nach Mähren zurück, wo sie im Mai 1945 kapitulierte.

Zusammensetzung

Panzer-Regiment Nr. 10, Panzergrenadier-Regimenter Nr. 8 und Nr. 28.

9. PANZER-DIVISION

Im Januar 1940 aus der 4. Leichten Division gebildet, kämpfte die 9. an der Westfront, am Balkan und schließlich in Rußland.

Im März 1944 wurde sie wieder nach Frank-reich versetzt, kämpfte zuerst in der Nor-mandie und später in den Ardennen. Ihre Reste ergaben sich im April 1945 im Ruhr-kessel.

Zusammensetzung

Panzer-Regiment Nr. 33, Panzergrenadier-Regimenter Nr. 10 und Nr. 11.

10. PANZER-DIVISION

Im April 1939 in Prag aufgestellt, kämpfte die Division gegen Polen als Teil von „Kempfs Panzer-Formation". Es folgten Einsätze in Frankreich 1940 und dann in der Sowjetunion.

Später war sie wieder in Frankreich Teil der Streitmacht, die sich dem kanadischen Angriff auf Dieppe im August 1942 entgegenstellte. Im Dezember 1942 wurde sie nach Tunesien verlegt, wo sie im Mai 1943 zerstört wurde.

Unüblich für eine deutsche Formation, wurde die 10. nicht wieder aufgestellt.

Zusammensetzung

Panzer-Regiment Nr. 7, Panzergrenadier-Regimenter Nr. 69 und Nr. 86.

11. PANZER-DIVISION

Die 11. wurde im August 1940 um Einheiten der 5. Panzer-Division herum aufgebaut. Sie kämpfte in Rußland und blieb dort bis Juni 1944. Dann wurde sie zur Wiederinstandsetzung in Südfrankreich stationiert. Dort nahm sie Ende 1944 am Kampf gegen die eindringenden amerikanischen und französischen Streitkräfte teil. Im Laufe eines langen Rückzugs kam die 11. ins Saarland und dann nach Bayern, wo sie kapitulierte.

Zusammensetzung

Panzer-Regiment Nr. 15, Panzergrenadier-Regimenter Nr. 110 und Nr. 111.

12. PANZER-DIVISION

Geschaffen im Oktober 1940 aus der 2. Motorisierten Division, wurde sie zunächst in Rußland eingesetzt. Dann kämpfte sie in den Kurland-Schlachten, ehe sie sich im Mai 1945 den sowjetischen Streitkräften ergab.

Zusammensetzung

Panzer-Regiment Nr. 29, Panzergrenadier-Regimenter Nr. 5 und Nr. 25.

13. PANZER-DIVISION

Gebildet im Oktober 1940 in Rumänien, kämpfte die 13. bis Herbst 1944 in Rußland, dann wurde sie nach Ungarn verlegt. Sie wurde bei den Kämpfen um Budapest im Januar 1945 völlig zerstört, doch sogleich als Panzer-Division „Feldherrnhalle" Nr. 2 wiederaufgestellt.

Zusammensetzung

Panzer-Regiment Nr. 4, Panzergrenadier-Regimenter Nr. 66 und Nr. 93.

14. PANZER-DIVISION

Ursprünglich die 4. Infanterie-Division, erhielt sie im Sommer 1940 Panzerstatus. Sie kämpfte im Jugoslawienfeldzug und hierauf an der Ostfront. In der Schlacht um Stalingrad wurde sie zerstört und im Sommer 1943 neu gebildet. Sie kehrte nach Rußland zurück, wo sie wieder fast völlig zerstört wurde. Dann wurde sie nach Kurland verlegt, und ihre Reste ergaben sich den Russen.

Zusammensetzung

Panzer-Regiment Nr. 36, Panzergrenadier-Regimenter Nr. 103 und Nr. 108.

15. PANZER-DIVISION

Die 15. wurde im August 1940 aus Einheiten der 10. Panzer-Division geschaffen und in 15. Leichte Division umbenannt, als sie im April 1941 in Libyen stationiert war. Später wurde sie als Panzer-Division neustrukturiert, und bei Kriegsende ergab sie sich in Tunesien. Die 15. wurde im Juli 1943 zur Panzergrenadier-Division umgebildet.

Zusammensetzung

Panzer-Regiment Nr. 8, Panzergrenadier-Regimenter Nr. 115 und Nr. 200.

16. PANZER-DIVISION

Die 16., ursprünglich eine Infanterie-Division, wurde im Februar 1943 bei Stalingrad zerstört. Sogleich wurde sie in Frankreich neu gebildet und in Italien stationiert. Im November 1943 kehrte sie an die Ostfront zurück, wo ihre Reste im Mai 1945 kapitulierten.

Zusammensetzung

Panzer-Regiment Nr. 2, Panzergrenadier-Regimenter Nr. 64 und Nr. 79.

17. PANZER-DIVISION

Sie wurde im Oktober 1940 aufgestellt und in Rußland stationiert, wo sie im April 1945 zerstört wurde.

Zusammensetzung

Panzer-Regiment Nr. 39, Panzergrenadier-Regimenter Nr. 40 und Nr. 63.

18. PANZER-DIVISION

Aufgestellt im Oktober 1940, kämpfte die Division an der Ostfront, wo sie schwere Verluste erlitt und neu gebildet wurde.

Zusammensetzung

Panzer-Regiment Nr. 27, Panzergrenadier-Regimenter Nr. 52 und Nr. 101.

19. PANZER-DIVISION

Sie wurde im Oktober 1940 aufgestellt und kämpfte an der Ostfront. Als sich das deutsche Heer aus Rußland zurückzog, führte der Weg der 19. durch die Ukraine und nach Ostpreußen. Dort wurde sie nochmals zum Rückzug gezwungen, diesmal nach Böhmen, wo ihre Reste den Krieg beendeten.

Zusammensetzung

Panzer-Regiment Nr. 27, Panzergrenadier-Regimenter Nr. 73 und Nr. 74.

20. PANZER-DIVISION

Gebildet im Oktober 1940, kämpfte sie an der Ostfront, bis sie im August 1944 nach Rumänien verlegt wurde. Im Dezember 1944 kämpfte sie in Ungarn, wo sie in russische Gefangenschaft geriet.

Die Infanterie benützte Panzer oft als Träger: eine gefährliche Taktik, wenn die Hauptwaffe des Tanks abgefeuert wurde. Hier erwidert Infanterie gegnerisches Feuer. Rußland, Herbst 1944.

Eine deutsche Kolonne im ersten Winter an der Ostfront. Ein Soldat feuert sein Gewehr ab, wobei er die Schulter eines Kameraden als Stütze verwendet, während ein dritter die Wirkung des Feuers beobachtet.

Zusammensetzung
Panzer-Regiment Nr. 21, Panzergrenadier-Regimenter Nr. 59 und Nr. 112.

21. PANZER-DIVISION

Im Februar 1941 als 5. Leichte Division aufgestellt, wurde sie in Libyen im Juli zur Panzer-Division umgebildet. Sie kämpfte in Afrika, bis die Achsenmächte im Mai 1943 aufgaben. Im Juli 1943 in Frankreich wiederaufgestellt, diente sie bis Januar 1945 an der Westfront. Dann wurde sie an die Ostfront verlegt.

Zusammensetzung
Im Afrika-Feldzug: Panzer-Regiment Nr. 5, Infanterie-Regiment (mot.) Nr. 104 und Panzergrenadier-Regiment Nr. 492; in Nordwesteuropa: Panzer-Regiment Nr. 22, Panzergrenadier-Regimenter Nr. 125 und Nr.192.

22. PANZER-DIVISION

Geschaffen im September 1941, diente die 22. an der Ostfront, wo sie fast ganz zerstört wurde. Teile der Division bildeten im September 1942 die 27. Panzer-Division, die 22. wurde aufgelöst.

23. PANZER-DIVISION

Ursprünglich sollte die 23. im Oktober 1940 aufgestellt werden, doch erst im September 1941 kam es dazu. Im März 1942 war sie an der Ostfront eingesetzt. Ende 1943 zog sie sich nach schweren Verlusten nach Polen zurück und kämpfte dort bis September 1944, dann wurde sie nach Ungarn verlegt.

Zusammensetzung
Panzer-Regiment Nr. 201, Panzergrenadier-Regimenter Nr. 126 und Nr. 128.

24. PANZER-DIVISION

Sie wurde im Februar 1942 zum größten Teil aus der 1. Kavallerie-Division geschaffen. Die 24. wurde bei Stalingrad zerstört, dann aber neu gebildet und in Italien stationiert, ehe sie nach Rußland zurückkehrte. Danach war sie in Ungarn und der Slowakei. Im Januar 1945 zog sich die 24. aus Westpreußen nach Schleswig-Holstein zurück, wo sie im Mai kapitulierte.

Zusammensetzung
Panzer-Regiment Nr. 24, Panzergrenadier-Regimenter Nr. 21 und Nr. 26.

27. PANZER-DIVISION

Die ersten Maßnahmen zur Bildung dieser Division wurden 1942 ergriffen, doch noch ehe sie komplett aufgestellt war, wurde die 27. an die Ostfront geschickt. Sie wurde im Januar 1943 zerstört.

28. PANZER-DIVISION

Diese wurde im April 1944 gebildet, und zwar aus der 17. Reserve-Panzer-Division und der 16. Panzergrenadier-Division. Sie kämpfte an der Westfront, und ihre Überreste ergaben sich im April 1945 im Ruhrkessel.

PANZER-LEHR-DIVISION

Dieser Verband wurde im November 1943 aus Einheiten von Panzer-Ausbildungsschulen aufgestellt. Er kämpfte ab Juni 1944 an der Westfront und ergab sich im April 1945 im Ruhrkessel.

Zusammensetzung
Panzer-Regiment Nr. 130, Panzergrenadier-Regimenter Nr. 901 und Nr. 902.

Gegen Kriegsende wurde eine Reihe von Panzer-Divisionen aufgestellt, die nur noch dem Namen nach Divisionen waren, darunter die Formationen 232 und 233 und die Panzer-Divisionen „Norwegen“, „Kurmark“, „Holstein“, „Jüterborg“ und „Münchenberg“.

In der Liste der Panzer-Divisionen finden sich auch die Fallschirmjäger-Panzer-Division „Hermann Goering“ und „Großdeutschland“. Diese erhielten schließlich Korpsstärke und finden sich in der Liste der Panzer-Korps.

Die Regimentsstandarte der SS-"Leibstandarte Adolf Hitler". Die Fahnen der SS-Einheiten unterschieden sich im Aussehen von denen des Heeres.

PANZER-DIVISIONEN DER WAFFEN-SS

1. SS-PANZER-DIVISION „LEIBSTANDARTE ADOLF HITLER"

Die „Leibstandarte Adolf Hitler" entstand aus einer Leibwacheeinheit. Sie wurde im Juni 1941 zur mororisierten Infanterie, im Dezember 1942 zur Panzergrenadier-Division und schließlich zur Panzer-Division. In diesen Rollen kämpfte sie an jeder europäischen Front, von Polen 1939 bis Wien 1945. 1943 spielte sie in der Schlacht um Kursk eine besondere Rolle.

Zusammensetzung als Panzer-Division

SS-Panzer-Regiment Nr. 1, Panzergrenadier-Regimenter Nr. 1 und Nr. 2.

2. SS-PANZER-DIVISION „DAS REICH"

„Das Reich" erwuchs aus SS- Regimentern, die im ersten Kriegsjahr um die SS-Verfügungstruppe-Division gebildet wurden. Sie kämpfte in jedem europäischen Feldzug des

Panzergrenadiere der SS-Division „Das Reich" rücken vor, um Charkow wiederzuerobern, 1943.

Die Pionier-Kompanie von „Das Reich“ überführt Einheiten der Division über die Beresina. Ostfront, Juli 1941.

Zweiten Weltkriegs, während sie von einer Einheit mit Regimentsstärke bis Oktober 1943 zu einer Panzer-Division aufstieg.

Zusammensetzung als Panzer-Division
SS-Panzer-Regiment Nr. 2, Panzergrenadier-Regimenter Nr. 3 und Nr. 4.

3. SS-PANZER-DIVISION „TOTENKOPF“

Der „Totenkopf“ wurde aus Einheiten von Konzentrationslagern und der Verfügungstruppe-Division gebildet. Er kämpfte als motorisierte Infanterie, dann als Panzergrenadier-Verband, ehe er im Oktober 1943 in den Status einer kompletten Panzer-Division erhoben wurde. Der „Totenkopf“ kämpfte an der Ost- und Westfront und beendete den Krieg in Österreich und der Tschechoslowakei.

Zusammensetzung als Panzer-Division
SS-Panzer-Regiment Nr. 3, Panzergrenadier-Regimenter Nr. 5 und Nr. 6.

5. SS-PANZER-DIVISION „WIKING“

Die „Wiking“-Division wurde im Dezember 1940 aus einem Kader von Holländern, Flamen, Dänen und Norwegern aufgestellt. Sie diente an der Ostfront, hatte zunächst nur motorisierten Status, stieg aber bald zur Panzergrenadier-Division auf und wurde im Oktober 1943 zur Panzer-Division. Sie beendete den Krieg in Österreich und der Tschechoslowakei.

Zusammensetzung als Panzer-Division
SS-Panzer-Regiment Nr. 5, Panzergrenadier-Regimenter Nr. 9 und Nr. 10.

Soldaten der SS-Panzer-Division „Das Reich“ ziehen von der Front ab, nachdem sie abgelöst wurden. Sie tragen Winter-Tarnkleidung.

Die Motorrad-Abteilung des Aufklärungs-Bataillons der SS-Division „Das Reich“. Polen, 1939.

Grenadiere der Panzer-Division „Hitlerjugend" suchen in der Normandie 1944 den Himmel nach alliierten Flugzeugen ab. Das Maschinengewehr ist ein M 3.

9. SS-PANZER-DIVISION „HOHENSTAUFEN"

„Hohenstaufen" wurde als Panzergrenadier-Verband aufgestellt und erhielt im Februar 1944 den Rang einer Panzer-Division. Sie kämpfte sowohl an der Ost- wie auch an der Westfront, vor allem in der Normandie, bei Arnheim und in der Ardennenschlacht, ehe sie an die Ostfront und nach Ungarn zurückkehrte, wo sie praktisch zerstört wurde. Ihre Reste ergaben sich im Mai 1945 den Russen.

Zusammensetzung als Panzer-Division

Panzer-Regiment Nr. 9, Panzergrenadier-Regimenter Nr. 19 und Nr. 20.

10. SS-PANZER-DIVISION „FRUNDSBERG"

Die 10. wurde als Panzergrenadier-Formation aufgestellt und erhielt im Oktober 1943 den Status einer Panzer-Division. Sie kämpfte an der Ost- und an der Westfront, war in der Normandie, bei den Kämpfen von Arnheim und um Straßburg beteiligt. Bei der Rückkehr von der West- an die Ostfront wurde sie umzingelt und fast zerstört. Ihre Überbleibsel ergaben sich bei Kriegsende der Roten Armee.

Zusammensetzung als Panzer-Division

Panzer-Regiment Nr. 10, Panzergrenadier-Regimenter Nr. 21 und Nr. 22.

12. SS-PANZER-DIVISION „HITLERJUGEND"

Sie wurde im Juli 1943 als Panzergrenadier-Division gebildet und erhielt im Oktober 1943 den Rang einer Panzer-Division. Der Erste Einsatz der Division fand in der Normandie statt. Sie diente bis Februar 1945 an der Westfront, dann wurde sie in Ungarn stationiert. Sie kämpfte sich ihren Weg westwärts nach Österreich frei und ergab sich bei Kriegsende den Amerikanern.

Zusammensetzung als Panzer-Division

Panzer-Regiment Nr. 12, Panzergrenadier-Regimenter Nr. 25 und Nr. 26.

Panzergrenadier-Divisionen des Heeres

Die Infanterie-Regimenter, die 1937 mit Lastwägen die ersten Infanterie-Verbände bildeten, trugen den Namen „Schützen". Im März 1943 wurden die Schützen-Regimenter in „Panzergrenadier" umbenannt. Obwohl die Schützen-Verbände ursprünglich einen Teil des Infanterie-Bestandes bildeten, führe ich sie hier innerhalb des Panzerzweiges des Heeres an.

2. Infanterie-Division (motorisiert)

Dieser Verband wurde 1934 aufgestellt. Als motorisierte Division kämpfte er 1939 in Polen und 1940 an der Westfront. Im Dezember 1940 wurde er in die 12. Panzer-Division umgewandelt.

Zusammensetzung

Panzer-Regiment Nr. 29, Panzergrenadier-Regimenter Nr. 110 und Nr. 111.

3. Infanterie-Division (motorisiert)

Gebildet im Oktober 1940 durch Umwandlung der 3. Infanterie-Division, kämpfte sie von Kriegsbeginn an an der Ostfront gegen Rußland und wurde bei Stalingrad zerstört. Die Division wurde zwei Monate später neu geschaffen und diente ab September 1944 an der Westfront.

Ein Panzergrenadier-Bataillon eröffnet an der Ostfront einen Panzerangriff.

Panzerjäger der SS-Division „Hitlerjugend“ feuern bei den Kämpfen um Falaise ihre Waffe ab.

Zusammensetzung
Panzer-Bataillon Nr. 103, Panzergrenadier-Regimenter Nr. 8 und Nr. 29.

5. LEICHTE (AFRIKA-)DIVISION

Sie wurde im Januar 1941 gebildet und in Libyen stationiert, wo sie Teil des Afrika-Korps war. Im Juli 1941 wurde die 5. Leichte zur 21. Panzer-Division.

Zusammensetzung als Panzer-Division
Panzer-Regiment Nr. 5, Panzergrenadier-Regimenter Nr. 192 und Nr. 492.

10. INFANTERIE-DIVISION (MOTORISIERT)

Diese Einheit wurde im Oktober 1940 aus der 10. Infanterie-Division geschaffen. Sie kämpfte von Juni 1941 bis zum Kriegsende an der Ostfront. Geschwächt durch schwere Verluste, wurde sie im März 1944 mit einer Reserve-Panzer-Division verschmolzen. Diese neue Formation behielt ihre alte Bezeichnung.

Zusammensetzung
Panzer-Bataillon Nr. 110, Panzergrenadier-Regimenter Nr. 20 und Nr. 41.

13. INFANTERIE-DIVISION (MOTORISIERT)

Diese Division wurde 1937 von der Infanterie- zur motorisierten Division umgewandelt und kämpfte in Polen und dann an der Westfront. Im Oktober 1937 wurde sie als 13. Panzer-Division neu strukturiert.

Zusammensetzung als Panzer-Division
Panzer-Regiment Nr. 4, Panzergrenadier-Regimenter Nr. 66 und Nr. 93.

Der Sd Kfz 232 gepanzerte Wagen wurde häufig als Kommandofahrzeug eingesetzt.
Dieser hier trägt die komplizierte Kommunikationsausrüstung, die für die Ausübung dieser Funktion erforderlich war.

ten. Damit verbunden war auch eine Zunahme des Gesamtgewichts.

Eine Version dieses Panzers, später Ausf F2 genannt, trug ein längeres 7,5-cm-Geschütz. Ausf F1 hatte ein kürzeres Geschütz. Eine spezielle Version des Pz Kw IV, der Pz Kw IV – Munitionsträger für Karlgerät, wurde als Munitionstransporter verwendet, der überschweren Artillerie-Einheiten folgte, die mit dem Gerät 040 (dem sogenannten Karl-Mörser) ausgerüstet waren.

Der Pz Kw IV war bis Kriegsende das Rückgrat der deutschen Panzerwaffe.

PZ KW II AUSF C

Dieser Tank wurde als Übergangsmodell entworfen, während die Pz Kw III- und Pz Kw IV-Modelle ausgebaut wurden. Er basierte auf einem Prototyp von MAN (Maschinenfabrik Augsberg-Nürnberg). Für die Fertigentwicklung wurde wieder MAN für das Fahrgestell und Daimler-Benz für den Aufbau ausgewählt.

Die Variante Ausf C kam 1937 und war das Ergebnis vergrößerter Motorleistung und Reduktion beim Getriebe, sowie eines Umbaus bei den Ketten, die für die Pz Kw III-Serie Standard wurden. Er hatte eine abgerundete Nase, ebenso wie die A- und B-Varianten. Die Ausf C wurde in der Folge zur Grundlage der Serienproduktion, die Produktion begann im Dezember 1940.

PZ KW 38(T)

Tschechische Fahrzeuge waren für die deutschen Streitkräfte äußerst wichtig, und der Pz Kw 38(t) war wahrscheinlich das wichtigste tschechische Modell in deutschen Diensten.

Die Produktion lief von 1938 bis 1942. Die Fahrzeuge waren sehr zuverlässig und robust.

Ein Panzer III und die Infanterie-Begleitmannschaft der Panzerjägerkanone geraten beim Vorstoß in den frühen Kriegstagen an der russischen Front unter Feuer.

Sie hatten einen Praga EPA 7,7-Liter-Sechszylinder-Benzinmotor und eine Höchstgeschwindigkeit von 42 km/h. Hauptwaffen waren ein 3,7-cm-Panzergeschütz und ein 7,9-mm-Maschinengewehr auf einem Geschützturm.

Weitere Varianten des Modells 38(t) folgten. Ab Oktober 1941 wurde das 38(t)-Fahrgestell als Aufklärungsfahrzeug benützt und mit dem Turm des gepanzerten Wagens Sd Kfz 222 ausgestattet.

Zusätzlich wurden erbeutete russische Geschütze (die ironischerweise die einzigen wirksamen Waffen gegen den russischen T-34 waren) auf einem entsprechend abgeänderten 38(t)-Fahrgestell montiert.

Der Pz Kw 38(t) wurde auch exportiert und von der schwedischen, schweizerischen und peruanischen Armee eingesetzt.

Pz Kw III Ausf E

Daimler-Benz produzierte 1936 das erste Modell des Pz Kw III. Er sollte das Fahrzeug für die drei leichten Kompanien von Panzer-Bataillonen werden, und war mit einer panzerbrechenden Waffe ausgerüstet.

Die Panzerung war anfangs 5 bis 14,5 mm stark, das Gesamtgewicht betrug 15.240 kg. Das Gefährt wurde von einem Maybach DSO-Zwölfzylinder-Hochleistungs-108-TR-11-Liter-Benzinmotor angetrieben und erreichte eine Höchstgeschwindigkeit von 32 km/h. Nach weiteren Änderungen stellte der Pz Kw III Ausf E die endgültige Fahrgestellvariante der Serie dar. Er wog jetzt 19.304 kg und hatte überall eine 30-mm-Panzerung. Der Motor wurde durch den stärkeren 120 TR ersetzt, der 320 PS (statt der ursprünglichen 250 PS) brachte. Das anfängliche 3,7-cm-Geschütz wurde durch ein 5-cm-Geschütz ersetzt.

Panther V (Pz Kw V)

Die Erzeugung des Panthers begann 1942, das erste Modell war der Pz Kw V Panther Ausf D. Er war ein schweres Gefährt. Die weitere Entwicklung führte schließlich zu

Kämpfe in den frühen Kriegstagen in Rußland. Hier fährt ein Panzer III in Begleitung von Infanteristen durch ein brennendes Dorf. 1941.

Eine Variante des Panthers (Panzer V), bekannt als Jagdpanther.

einem Kampfgewicht von 53.690 kg. Sein von Maybach gebauter 700-PS-Motor verbrauchte 23 Liter. Sein Geschütz war vorstehend, es erlaubte daher ein leichtes Durchbrechen. Der Aufbau war stark abgeschrägt.

Zuviel Ehrgeiz bei der monatlichen Produktionsrate führte dazu, daß die fertigen Fahrzeuge rasch mechanische Probleme hatten, besonders bei der Aufhängung und beim Getriebe. Das zweite Produktionsmodell, der Pz Kw V Panther Ausf A, kam 1943 und unterschied sich vom Ausf-D-Modell durch eine Kugelhalterung für das MG, die die Luke ersetzte.

1944 kam die Ausf G, bei der die Seitenplatten der Hülle nicht wie bei den Modellen D und A horizontal, sondern schräg lagen. Die Ausf G war der letzte Standard-Panther, der in größerer Zahl in Dienst genommen wurde.

PZ VI TIGER II

Der Tiger II war der schwerste Kampfpanzer, den irgend eine Nation im Zweiten Weltkrieg erzeugte. Er wog 70.000 kg und hatte eine fünfköpfige Besatzung. Er ähnelte äußerlich dem Panther, doch – anders als bei diesem – war seine Beweglichkeit stark eingeschränkt, und er war unzuverlässig. Er trug ein 8,8-cm-KwK-43-Geschütz und hatte denselben Hl-230-P-30-Motor wie die späteren Panther.

Das deutsche Rüstungsministerium bestand darauf, daß der Tiger II möglichst viele Eigenschaften und Teile mit dem geplanten Panther II gemeinsam haben sollte und verzögerte mit dieser Forderung die Fertigstellung der Konstruktion des Tiger II um drei Monate.

Der Tiger II war stark gepanzert, die Geschützturmfront und die niedrigere Front-

Diese Variante des Tigers (Panzer VI) war auch als „Jagdtiger" bekannt.

Der 65tonnige „Sturmtiger" trug einen 38-cm-Mörser, dessen Geschosse mit verheerender Wirkung explodierten. Nur zehn Sturmtiger wurden in Dienst genommen, diese wurden in zwei Kompanien formiert. Eine davon kämpfte in Warschau, die andere im Dezember 1944 in der Ardennenschlacht.

Diese Variante des Tigers war als „Elefant“ bekannt, später auch als „Ferdinand“. Er war ein Panzerjäger, hatte aber nur eingeschränkte Beweglichkeit.

Der „Brummbär“ war eine Eigenantriebswaffe auf einem Panzer-IV-Fahrgestell. Sein Geschütz war eine 15-cm-Sturmhaubitze.

hülle waren 100 mm dick. Nachträglich könnte man sagen, daß die Größe und die schwere Panzerung dieses Panzers den defensiven Kurs spiegelte, den das deutsche Heer gegen Kriegsende einschlug.

STURMPANZER IV „BRUMMBÄR“

Dieser war ein Pz-Kw-IV-Panzerfahrgestell mit einem ziemlich großen und umfangreichen Aufbau. Er wog etwas über 28.000 kg und

Dieser Panzer IV trägt gepanzerte Seitenplatten, um die Ketten vor Panzerabwehrjägergeschossen mit Hohlladung zu schützen.

hatte ein kurzes Geschütz in einem vorstehenden Schutzschild. Er wurde als Infanterie-Unterstützung für Straßenkämpfe entworfen und war ab 1944 in Gebrauch.

JAGDPANZER V

Dieser war die Version des Panzerzerstörers des Panthers und galt als das beste unter den derartigen Fahrzeugen. Er benutzte das Fahrgestell des Panthers und hatte einen geschlossenen, turmlosen Aufbau, der ein 8,8-cm-PAK-Geschütz trug. Die Schwenkung betrug 11°, die Neigung –8° bis +14°.

Er wog 46.738 kg und war an allen Seiten stark gepanzert, vorne mit 80 mm. Die Produktion begann im Februar 1944. Insgesamt wurden 382 Stück erzeugt, die vor Kriegsende von einigen Panzerjäger-Bataillonen des Heeres in Dienst genommen wurden.

Er war ein herausragendes Gefährt mit ausgezeichneter Feuerkraft und Beweglichkeit.

Der Elefant, ein schwerer Panzerjäger.

Schützenpanzerwagen (Sd Kfz 251/20)

Der Sd Kfz 251/20 war mit einem 60-cm-Infrarot-Suchscheinwerfer ausgestattet und sollte gemeinsam mit Panthern, die Infrarotvisiere hatten, eingesetzt werden. Er war auch als „Uhu" bekannt.

Panzerspähwagen (Sd Kfz 234/1)

Dieser Panzerspähwagen war ein achträdriges Gefährt mit Allradantrieb. Seine Reichweite betrug etwa 600 km, und er hatte einen luftgekühlten Dieselmotor. Sein Gewicht betrug 10.668 kg, er war mit vergrößerten Ballonreifen ausgestattet. Seine Höchstgeschwindigkeit betrug 85 km/h.

Der Sd Kfz 234/1 ersetzte ab 1944 frühere achträdrige Gefährte, und schon diese hatten zu den fortschrittlichsten gepanzerten Radfahrzeugen im Zweiten Weltkrieg gehört.

60-cm-Mörser Karl

Dieser Mörser, das „Gerät 040", war als Waffe für schweres Bombardement bei Belagerungen gedacht. Ursprünglich sollte er an der Maginot-Linie eingesetzt werden, doch als diese mit anderen Mitteln überrannt wurde, wurde er an der russischen Front verwendet, besonders bei Sewastopol und Brest Litowsk.

Das Gerät 041 wurde dann mit einem 54-cm-Mörser gebaut. 1943–1944 wurden sechs Gerät-041-Fahrzeuge hergestellt.

Flakpanzer IV

Diese Gefährte benützten das Fahrgestell des Pz Kw IV. Der „Möbelwagen" war ein Flugzeugabwehrgefährt mit Eigenantrieb und hatte vier hochgeklappte, gepanzerte Seiten. Der Geschützturm war durch eine Flugzeugabwehrhalterung ersetzt. Die Variante „Wirbelwind" (2-cm-Geschütz) und auch der „Ost-

Zeichnung eines Prototyps einer Selbstfahrlafette von Krupp, die eine 88-mm-Waffe trägt.

Dieses Gefährt, die erste Variante des Sd Kfz 234, wurde ab 1944 als Teil des Bestandes des Bataillons mit gepanzerten Fahrzeugen der Panzer-Divisionen eingesetzt. Das Kfz 234 hier trägt ein 2-cm-Geschütz. Bei späteren Varianten wurden 5-cm- und dann 7,5-cm-Geschütze verwendet.

Ab den mittleren Kriegsjahren brauchten die Panzer-Divisionen Schutz vor Flugzeugen. Dieses Bild zeigt zwei solche Flak-Panzer. Im Vordergrund den „Ostwind", der ein 3,7-cm-Geschütz auf einem Panzer-IV-Fahrgestell trägt. Im Hintergrund den „Wirbelwind", der vier Flak-Geschütze mit Kaliber 2 cm trägt.

Dieses Fahrzeug ist ein 3,7-cm-Flak-Geschütz, montiert auf einem Panzer-IV-Fahrgestell.

Die zweite Variante der Sd Kfz-Serie, der 234/2, auch als Puma bekannt, trug ein 5-cm-Geschütz auf einem drehbaren Turm.

Die Artillerie hatte nur Regimenter, da nicht vorhergesehen wurde, daß größere Einheiten nötig sein würden. Diese optimistische Einschätzung erwies sich bald als falsch. Im Oktober 1943 veranlaßte eine Krise in einem von der Heeresgruppe Mitte gehaltenen Sektor den Beschluß, eine Reihe von Regimentern zur 18. Artillerie-Division zu verschmelzen, ein Verband, der bis April 1944 bestand.

Der erfolgreiche Aufmarsch der 18. Division führte zur Bildung der Artillerie-Divisionen 310–312 durch die Heeresgruppe Süd und zur Schaffung der Artillerie-Division 309 in Nordwesteuropa.

Zur selben Zeit, als die Artillerie-Regimenter zu Divisionen gruppiert wurden, waren Anstrengungen im Gang, Artillerie-Brigaden zu bilden, von denen die Nrn. 401–410 geschaffen wurden. Diese Brigaden waren kurzlebig und wurden bald in Volksartillerie-Korps umgewandelt. Diese Bezeichnung war irreführend, da es sich bei ihnen um keine Korps im üblichen Sinn handelte, sondern um Artillerie-Regimenter mit einer größeren als der normalen Zahl von Bataillonen.

Der Plan sah für Artillerie-Regimenter, die an Infanterie-Divisionen angeschlossen waren, ein Regiments-HQ, eine HQ-Batterie (erst nach 1942) und drei leichte Bataillone vor, jedes mit drei Batterien von 10,5-cm-Haubitzen. Jede Batterie führte vier Geschütze ins Feld, dazu gab es ein schweres Bataillon mit einer HQ-Batterie und drei Batterien von 15-cm-Haubitzen. Jedes Regiment sollte also über ein Arsenal von 48 Geschützen verfügen, die von Pferden gezogen wurden. Ein Beispiel für den Mangel an zu Hause produzierten Waffen, der sich schon in den mittleren Kriegsjahren zu zeigen begann, ist die Tatsache, daß einige Divisionen der späteren Wellen mit tschechischen Geschützen ausgerüstet werden mußten, andere mit französischen Waffen.

Als neue Divisionen aufgestellt wurden, wurden die Artilleriewaffen dafür von den bestehenden Regimentern genommen. Bald zeigte sich, daß der Kriegsbestand an Artillerie-Regimentern in Infanterie-Divisionen nicht mehr aufgebracht werden konnte, und es kam zu einer sorgfältigen Neuorganisation der Divisions-Haupttypen.

Bei der Standard-Infanterie-Formation besaßen die leichten Bataillone zwei Batterien mit je vier 10,5-cm-Haubitzen, eine leichte Feldgeschütz-Batterie von sechs 7,5-cm-Stücken und ein schweres Haubitzen-Bataillon mit sechs 15-cm-Stücken. Auch der Kriegsbestand der Gebirgs-Artillerie-Regimenter und der Artillerie-Regimenter der Panzer-Divisionen wurde geändert. Der „Panzer-Division-Plan 1943“ und der folgende „1944er Plan“ zeigen dies.

Die schwere Artillerie des deutschen Heeres umfaßte auch unabhängige Regimenter. Der anfängliche Bestand von 35 Bataillonen bei Kriegsausbruch stieg bis Mai 1940 auf 117. Die schwersten Artillerie-Stücke waren die Waffen mit einem Kaliber über 21 cm, mit 24 cm, 30,5 cm oder 42 cm. Die Rohre für viele dieser Geschütze stammten von Marineschiffen, die nicht mehr in Gebrauch waren.

Dagegen waren die überschweren Geschütze (Kaliber 60 cm und 80 cm) schon vor dem Krieg entworfen worden. Sie wurden unmittelbar nach Kriegsbeginn in Dienst genommen. Man hatte sie zum Einsatz gegen die Maginot-Linie gebaut, doch wurden sie nicht im Westfeldzug, sondern – mit begrenztem Erfolg – an der Ostfront gegen Festungen auf der Krim und gegen Ziele in Leningrad eingesetzt.

Die höchste Befehlsebene der Artillerie bestand in Generälen der Artillerie, die beim Stab jeder Heeresgruppe dienten. Der Plan des OKW, für jede Infanterie-Division einen Artillerie-Kommandeur zu ernennen, wurde nicht verwirklicht, und erst spät im Krieg hatte jedes Korps einen solchen Offizier in seinem Stab.

KAPITEL ZEHN

ARTILLERIEWAFFEN

INFANTERIE-ARTILLERIE

Die Deutschen führten vor und während des Zweiten Weltkriegs vier Haupt-Artillerie-Stükke ein. Abgesehen vom 15-cm-Schweres Infanteriegeschütz 33 von 1927 wurde ihr Kaliber auf 7,5 cm begrenzt. Geringes Gewicht und leichte Bedienbarkeit waren wichtiger. Der wichtigste Erzeuger dieser Art von Geschützen war die Rheinmetall-Borsig AG (früher Rheinische Metallwaren- und Maschinenfabrik oder RM&M), die auf Waffen vom Kaliber 17 cm und darunter spezialisiert war.

Die vier Hauptgeschütze waren folgende:

Obwohl als leichtes Flugabwehr-Geschütz konstruiert, war die 2-cm-Flak auch beim Angriff auf Bodenziele nützlich. Wurden alle vier Rohre des Flak-Vierlings eingesetzt, so war die Wirkung verheerend. Dieses Bild aus den letzten Phasen des Kriegs in Jugoslawien zeigt den Flak-Vierling im Einsatz gegen Bodenziele.

Ein pferdegezogenes schweres Geschütz wechselt seine Feuerstellung und bewegt sich während der ersten Vorstöße nach Rußland 1941 über den Sandboden von Ostpolen.

7,5-CM-LEICHTES INFANTERIEGESCHÜTZ 18 (7,5 CM LE IG 18 [FORELLE])

Es wurde von der Rheinmetall entwickelt und zwischen 1927 und 1945 verwendet. Es hatte einen ungewöhnlichen Schrotflinten-Verschlußmechanismus und eine einfache Schachtellafette als Gestell. 1937 wurde eine leichtere Version für die Gebirgs-Truppen eingeführt. Zusätzlich wurde eine praktisch identische Version für Luftlande- und Fallschirmjäger-Truppen getestet, doch nicht eingeführt.

Gewicht beim Einsatz	400 kg
Geschützlänge	88,4 cm
Länge der Bohrung	78,3 cm
Neigung	–10° bis +75°
Schwenkung	12°
Munition	etliche Varianten einer Standard-Hochexplosivgranate, z. B. 7,5 cm I Gr 18: mit AZ 23, 6 kg
Treibsatz	fünfteilige Ladung aus Bündeln oder perforierten Scheiben einer Treibladung, zusammengehal- mit Draht und beschriftet mit der Stücknummer
Zündvorrichtung	Standard C/12nA Schlagzündbolzen

7,5-CM-INFANTERIEGESCHÜTZ 37 (7,5 CM IG 37)

Dieses wurde 1944 eingeführt und benutzte erbeutete russische Gestelle mit einer Spiralfeder-Aufhängung. Das neue Geschütz von Krupp hatte einen ungewöhnlichen, vertikal

Dieses Artilleriestück, auf dem Gipfel des Berges Asu in Stellung gebracht, beherrschte die Stellung der Roten Armee im oberen Baksam-Tal etwa 3.500 m tiefer. Kaukasus, 1942.

An der Ostfront hatte der Rang wenig Bedeutung, wenn ein im russischen Schlamm steckendes Gefährt bewegt werden mußte. Hier helfen Feldoffiziere beim Anschieben eines Infanterie-Geschützes.

gleitenden Blockverschluß und eine Mündungsbremse mit vier Schutzschilden.

7,5-CM-INFANTERIEGESCHÜTZ 42 (7,5 CM IG 42 [GRAUWOLF])

Ursprünglich von der Infanterie aufgegeben, wurde diese Waffe wiedereingeführt, als man etwas Neues brauchte. Das Geschütz stammte vom frühen IG 37 ab (das verwendete Gestell war der einzige Unterschied) und war mit einem eckigen Schild ausgestattet.

15-CM-SCHWERES INFANTERIEGESCHÜTZ 33 (15 CM S IG 33)

Kaliber 15 cm war das größte bei Infanterie-Geschützen. Da aber die Luftwaffe die für die Produktion nötigen Metallegierungen monopolisiert hatte, wurden nur wenige gebaut.

GEBIRGS-ARTILLERIE

Gebirgsfeldzüge stellten ihre eigenen Ansprüche an die Art der verwendeten Waffen. Sie mußten leicht und bequem zerlegbar und zusammensetzbar sein, und Faktoren wie ein beweglicheres Gestell (für wirkungsvolles Feuern sowohl bergauf als auch bergab) mußten bei der Konstruktion berücksichtigt werden.

7,5-CM-GEBIRGSKANONE 15 (7,5 CM GEB K 15)

Diese Waffe zeichnete sich durch einen schweren Mantel um das Rohr aus, bekannt als der „Pantoffel", der durch sein zusätzliches Gewicht die Stabilität erhöhte. Das Gestell hatte Räder mit Holzspeichen und einen Schild.

Ein Gebirgs-Artillerie-Bataillon mit seinen Waffen auf dem Rücken von Maultieren. Die Gebirgs-Geschütze konnten in Teile zerlegt werden, die von Tieren oder, wenn das Gelände zu schwierig war, auf dem Rücken der Jäger getragen wurden. Jugoslawien, 1943.

7,5-CM-GEBIRGSGESCHÜTZ 36 (7,5 CM GEB G 36 [GRÜNEWALD])

Seit 1938 in Dienst, wurde den ganzen Krieg hindurch eingesetzt. Ohne Schild, war es wegen seiner Leichtigkeit instabil und neigte beim niedrigen Feuern zum Tanzen.

Einsatzgewicht	58,2 kg
Geschützlänge	163 cm
Bohrungslänge	97,3 cm
Neigung	–5° bis +70°
Schwenkung	40°
Ladung	Einzelladung, ummantelte Ladung
Leistung	Hochexplosiv-Granaten

7,5-CM-GEBIRGSGESCHÜTZ 43 (7.5 CM GEB G 43 [HALNSEE])

Als stabilerer Nachfolger für das G 36 entworfen, wurde die Entwicklung des G 43 wegen anderer Prioritäten gestoppt.

10,5-CM-GEBIRGSHAUBITZE 40 (10,5 CM GEB H 40 [EBERESCHE])

Diese von Böhler entworfene Waffe kam 1942 auf und war die schwerste je entwickelte Gebirgswaffe. Sie war so gut, daß einige Stücke noch in den 60er Jahren in Gebrauch waren. Trotz ihres Gewichts gab ihr die dreieckige Basis auf jedem Gelände guten Halt.

FELD-ARTILLERIE

Die Waffen reichten von 7,5-cm- bis zu 10,5-cm-Geschützen und Haubitzen, obwohl in den 40er Jahren die kleineren Kaliber vorgezogen wurden. Man fühlte, daß die größere Beweglichkeit und Anpassungsfähigkeit schwerer wog als die Einbuße an Granatenkraft und den Rückkehr zu 7,5-cm-Waffen rechtfertigte. Daneben verwendete man nun für die 7,5-cm-Waffen neuere Versionen von Munition. Außerdem brachte das deutsche

Eine Reminiszenz an die Jahre der Beweglichkeit und der Siege. Schon bei Kriegsausbruch wurde eine große Zahl von deutschen Artilleriewaffen von Pferden gezogen. Gegen Kriegsende mußten Ochsen und anderes Vieh in den einfachen Gegenden Südosteuropas eingesetzt werden, wie dieses Bild zeigt.

Es gab auch eine amphibische Version des Volkswagen, bekannt als „Schwimmwagen". Beim zweiten Fahrzeug dieser Kolonne sieht man die Schwimmwagen-Antriebsschraube in ihrem Schutzring.

nahme und Plünderung gedeckt. So konnte eine deutsche Transportkolonne im aktiven Dienst neben den normalen Militärlastwagen auch zivile enthalten, dazu Autobusse und sogar Privatwagen. Der Ersatzteilbedarf für diese Mischung an Fahrzeugen muß kaum zu decken gewesen sein. Die Abnutzung an den Zivilfahrzeugen, die für glatte Straßen gebaut worden waren und nun ihren Weg durch den russischen Schlamm nehmen mußten, führte zu zahllosen Zusammenbrüchen.

Der Transport-Truppenteil war meist in Bataillonen organisiert, obwohl auch über 50 Regimenter für Militärtransporte aufgestellt wurden, vor allem für den Truppentransport. Zusätzlich zu den Regimentern gab es auch militärische Transport-Bataillone und unabhängige Kompanien zur Reparatur und Überholung von Fahrzeugen und Panzern. Oberhalb der Regimentsebene gab es Armee- und Oberkommando-Transportfahrzeugparks, zu deren Bestand die erwähnten Einheiten gehörten. Zusätzlich zu den Regimentern, Bataillonen und Kompanien gab es noch unabhängige Züge für die Versorgung mit Benzin und Wasser.

Die wichtigsten Modelle, die der Transportzweig verwendete, waren die Fahrzeuge von Daimler-Benz, Buessing, Hansa-Lloyd (Borgward), Demag, Hanomag und Famo. Die meisten Lastwagen fuhren mit Benzin, und eine der Anforderungen an die Konstruktion von Lastwagen bestand darin, daß sie durch raschen Umbau auch für andere Zwecke eingesetzt werden können mußten. Erst später im Krieg wurden spezialisierte

7,5-CM-GEBIRGSGESCHÜTZ 36 (7,5 CM GEB G 36 [GRÜNEWALD])

Seit 1938 in Dienst, wurde den ganzen Krieg hindurch eingesetzt. Ohne Schild, war es wegen seiner Leichtigkeit instabil und neigte beim niedrigen Feuern zum Tanzen.

Einsatzgewicht	58,2 kg
Geschützlänge	163 cm
Bohrungslänge	97,3 cm
Neigung	–5° bis +70°
Schwenkung	40°
Ladung	Einzelladung, ummantelte Ladung
Leistung	Hochexplosiv-Granaten

7,5-CM-GEBIRGSGESCHÜTZ 43 (7.5 CM GEB G 43 [HALNSEE])

Als stabilerer Nachfolger für das G 36 entworfen, wurde die Entwicklung des G 43 wegen anderer Prioritäten gestoppt.

10,5-CM-GEBIRGSHAUBITZE 40 (10,5 CM GEB H 40 [EBERESCHE])

Diese von Böhler entworfene Waffe kam 1942 auf und war die schwerste je entwickelte Gebirgswaffe. Sie war so gut, daß einige Stücke noch in den 60er Jahren in Gebrauch waren. Trotz ihres Gewichts gab ihr die dreieckige Basis auf jedem Gelände guten Halt.

FELD-ARTILLERIE

Die Waffen reichten von 7,5-cm- bis zu 10,5-cm-Geschützen und Haubitzen, obwohl in den 40er Jahren die kleineren Kaliber vorgezogen wurden. Man fühlte, daß die größere Beweglichkeit und Anpassungsfähigkeit schwerer wog als die Einbuße an Granatenkraft und den Rückkehr zu 7,5-cm-Waffen rechtfertigte. Daneben verwendete man nun für die 7,5-cm-Waffen neuere Versionen von Munition. Außerdem brachte das deutsche

Eine Reminiszenz an die Jahre der Beweglichkeit und der Siege. Schon bei Kriegsausbruch wurde eine große Zahl von deutschen Artilleriewaffen von Pferden gezogen. Gegen Kriegsende mußten Ochsen und anderes Vieh in den einfachen Gegenden Südosteuropas eingesetzt werden, wie dieses Bild zeigt.

Heer eine Vielfalt von Waffen aufs Schlachtfeld, um im Kampf gegen jede Eventualität gewappnet zu sein. So wurden vieleKaliber beibehalten. Der Nachschub an Waffen wurde dadurch vergrößert, daß man auch erbeutete Geschütze, besonders polnische und französische, einsetzte.

7,5-CM-FELDKANONE 7M85 (7,5 CM FK 7M85 [WANNSEE])

Diese Waffe wurde mit Doppelfunktion als Feld- und Panzerjäger-Kanone eingeführt. Wegen des Zusammenpfuschens der einzelnen Teile war sie übergewichtig (der Schlitten und das Rückstoßsystem stammten vom 10-cm-le-FH-18/40-Geschütz, das Fahrgestell von der 7,5-cm-PAK 40), hatte aber größere Neigung (50° mehr) und einen breiteren Spielraum an Munition.

10,5-CM-LEICHTE FELDHAUBITZE 18 (10,5 CM LE FH 18 [OPLADEN])

Diese Waffe wurde von der Rheinmetall entwickelt und ersetzte die veraltete le FH 16. Sie wurde die Standard-Feldhaubitze und hatte wegen ihrer Stabilität und Verläßlichkeit einen guten Ruf. Das Rückstoßsystem folgte dem Muster der 7,5-cm-FK 18, wo der hydropneumatische Rekuperator sich oberhalb des Rohrs befand, mit dem Stoßdämpfer im Schlitten. Nach dem Krieg fand man die Opladen-Haubitze noch bei der albanischen, bulgarischen und ungarischen Armee in Verwendung.

10,5-CM-LEICHTE FELDHAUBITZE 42 (10,5 CM LE FH 42)

Obwohl diese Waffe die 18,- 18M- und 18/40-Haubitzen ersetzen sollte, war ihre Konstruktion schon veraltet, als ihr Entwurf fertig war. Die le FH 42 wurde nicht für den Dienst akzeptiert. Der Rußlandfeldzug hatte in den Waldgebieten, wo Kämpfe stattfanden, die Notwenigkeit gezeigt, in hohem Neigungswinkel (über 45°) feuern zu können. Eine abgeänderte Form, die le FH 43, wurde ausgeliefert.

Die Waffen der deutschen Feld-Artillerie umfaßten etliche, die als Flugabwehr-Geschütze eingeführt worden waren, sich aber auch als Panzerjäger-Kanonen als besonders wirksam erwiesen. Hier sieht man ein 88-mm-Geschütz, das von einem Halbkettenfahrzeug zum Einsatz gezogen wird.

Einsatzgewicht	1.630 kg
Geschützlänge	294 cm
Bohrungslänge	unbekannt
Neigung	–5° bis +45°
Schwenkung	70°
Ladung	Wie bei le FH 18M und 18/40, doch mit elektrischem Feuersystem.
Leistung	Standard-Granaten mit 14,8 kg Gewicht.

SCHWERE FELD-ARTILLERIE

15-CM-SCHWERE FELDHAUBITZE 36 (15 CM FH 36)

Eine leichtere Version der s FH 18, da ein kürzeres Rohr als das der s FH 18 und ein Gestell aus einer Metallegierung verwendet wurden. Sie konnte zerlegt auf die Länge des Schlittens reduziert werden, und ihr Schnellfeuer-System war mit der Verschlußsperre zusammengeschlossen. Dies verhinderte, daß sich der Block öffnete oder der Feuerbolzen aus-gelöst wurde, wenn das Geschütz nicht sicher auf dem Rückstoßsystem befestigt war. Das Fahrgestell bestand aus einer gespaltenen Lafette mit Metallrädern. Da leichte Legierungen knapp waren, endete die Produktion der Haubitze 1942.

Einsatzgewicht	3.280 kg
Geschützlänge	380,5 cm
Bohrungslänge	247,4 cm
Neigung	0° bis 45°
Schwenkung	56°
Ladung	Einzelladung, ummantelte Ladung
Leistung	Standard-hochexplosive Granaten, 43,5 kg

15-CM-SCHWERE FELDHAUBITZE 18/43 (15 CM S FH 18/43)

Diese Waffe bedeutete einen Abschied vom herkömmlichen Patronen-Ladesystem. Die Herstellung des Verschlußsystems, das beim Ladesystem für ummantelte Ladungen verwendet wurde, erforderte eine spezialisierte Maschinerie, vervollkommnete Feuermechanismen und einen elastischen Polster.

Die Deutschen hatten stets den gleitenden Blockverschluß und Metallpatronenhülsen für alle Kaliber verwendet. Nie hatten sie am Mantelladungssystem Interesse gezeigt, doch die Metallknappheit änderte dies. Trotz dieser Modernisierung trat die FH 18/42 nie in Dienst.

15-CM-KANONE 39 (15 CM K 39)

Sie wurde als Geschütz zur Küstenverteidigung und in ihrer normalen Rolle im Feld eingesetzt. Ursprünglich für die türkische Armee hergestellt, wurden bei Kriegsbeginn die Deutschen zum Hauptabnehmer. Beim Einsatz als Küstenwaffe wurde die drehbare Plattform gemeinsam mit ihrem Stahlgerüst mit Ankern fest am Boden fixiert. Zum Schwenken diente eine Handkurbel.

EISENBAHN-ARTILLERIE

28-CM-KANONE 5 IN EISENBAHNLAFETTE (28 CM K 5 [E])

Die K 5 wurde zum Standard-Eisenbahn-Geschütz. Die Konstruktion begann 1934, 1936 ging die Waffe in Dienst. Von dieser Waffe mit extragroßer Reichweite unter Benützung von tief geriefelten Rohren und gerillten Geschossen kamen vier Typen zum Einsatz. Die erste war die K 5 Tiefzug 10 mm, ihr Rohr hatte 12 10-mm-Rillen. Die Tiefe der Rillen wurde aber, nachdem eine Reihe von Rohren geborsten war, auf 7 mm verringert – Ergebnis war die K 5 Tiefzug 7 mm. Auch die K 5 Vz mit einem vielfach geriefelten Rohr wurde entwickelt. Schließlich wurde eine Version mit ausgebohrtem Rohr zum Abschuß von Peenemünde-Granaten kon-

Beim deutschen Heer wurden schwere und überschwere Geschütze als besonders wirksam angesehen. Sie wurden oft auf Eisenbahnwagen gesetzt, wie hier dieses 28-cm-Stück.

struiert. Um die Reichweite der Waffe zu steigern, wurde auch eine raketenunterstützte Granate entwickelt. Der Treibsatz an der Spitze wurde nach 19 Sekunden Flug von einem Zeitzünder ausgelöst.

1943 zeigte das Heer Interesse an einer Waffe, die auch eingesetzt werden konnte, wenn die Eisenbahnschienen zerstört waren, und die auch auf dem Fahrgestell und den Laufrädern des Tiger-Panzers transportiert werden konnte. Doch dieses Projekt war bei Kriegsende erst im Entwicklungsstadium.

Einsatzgewicht	218.000 kg
Geschützlänge	2154 cm
Bohrungslänge	2055 cm
Neigung	0° bis 50°
Schwenkung	1°
Ladung	Einzelladung, ummantelte Ladung
Leistung	Standard-vorgerillte Granate, 255,5 kg

Viele der im Zweiten Weltkrieg eingesetzten schweren Artillerie-Stücke waren im Ersten Weltkrieg eingeführt worden, so wie dieser Mörser.

80-CM-KANONE IN EISENBAHNLAFETTE „GUSTAV GERÄT“ (80 CM K [E])

Diese Waffe, das größte je hergestellte Geschütz, wurde anfangs nicht als ernsthaftes Projekt betrachtet. Dies änderte sich nach Hitlers Besuch der Krupp-Fabrik 1936. Hitler wurden Berechnungen des Heereswaffenamts über die Lebensfähigkeit von Geschützen mit 70, 80 oder 100 cm Kaliber übergeben. Zusätzlich setzte Gustav Krupp von Bohlen und Halbach Entwurfsarbeiten für ein 80-cm-Modell in Gang.

1937 wurde die Konstruktion freigegeben, und im Sommer begann die Herstellung. Es gab vorhersehbarerweise Probleme beim Zusammenbau einer derart riesigen Waffe, und das Fertigstellungsdatum vom Frühling 1940 konnte nicht eingehalten werden – sie wurde schließlich Anfang 1942 fertig. Zu diesem Zeitpunkt war auch eine zweite Waffe (Codename „Dora“ nach der Gattin des Erbauers) bereit zur Auslieferung, und eine dritte wurde gebaut. „Gustav“ wurde mit aufsehenerregender Wirkung bei der Belagerung von Sewastopol eingesetzt, doch Übungs- und scharfe Schüsse hatten das Rohr abgenützt; es wurde in Essen überholt. Transport und Montage waren besonders aufwendig, man brauchte etwa 1500 Mann und bis zu drei Wochen, um die Stellung vorzubereiten und die Kanone aufzurichten – Ressourcen, die man anderswo wirksamer hätte einsetzen können.

KAPITEL ELF

DIE ANDEREN TRUPPENTEILE

Zusätzlich zu den Truppenteilen, die das deutsche Heer als Kampfstaffeln ansah – Infanterie, Artillerie und Panzer – gab es noch andere, die die kämpfenden Einheiten unterstützten, darunter Pioniere, Melder, medizinische und tierärztliche Einheiten, die Transport-Truppen und die Militärpolizei.

Nach dem Prinzip der „Einheit des Befehls" wurden die nichtkämpfenden Einheiten als Reservoir benützt, aus dem das Oberkommando bei Bedarf Einheiten abziehen konnte, um militärische Aufgaben oder Operationen durchzuführen. Daher war die Zuteilung solcher Einheiten zu einer Armee oder Heeresgruppe nicht fix, sie konnten in jeder Formation dieser oder einer anderen Armee oder Heeresgruppe eingesetzt werden.

Die hierachische Struktur solcher Einheiten war daher nach Regimentern, häufiger noch nach Bataillonen aufgebaut.

DIE KAVALLERIE

Bereits lange vor dem Ausbruch des Zweiten Weltkrieges hatte die Kavallerie ihren Rang als einer der Haupttruppenteile verloren, ihre Stärke wurde auf eine einzige Brigade reduziert. Diese Degradierung mag mit Hitlers persönlicher Abneigung gegen Pferde zusammengehangen haben oder mit seinem Plan eines voll motorisierten Heeres ohne Kavallerie.

Dieser Plan wurde jedoch nie verwirklicht. Das deutsche Heer war nie völlig motorisiert, und während des Krieges beruhten 80 Prozent der Bewegungskraft des Heeres auf Pferden, die vor allem die Artillerie-Geschütze zogen.

Bei Beginn der Operation BARBAROSSA, der Invasion der Sowjetunion, im Juni 1941 waren mehr als 750.000 Tiere im Einsatz, und an der Ostfront dienten während des Kriegs mehr als 2,5 Millionen Pferde. Die Verluste unter ihnen waren enorm. Man errechnete, daß bei dieser Auseinandersetzung durchschnittlich 1.000 Tiere pro Tag starben oder getötet wurden. 17 Prozent aller Opfer unter den Pferden starben an Herzanfällen durch das anstrengende Ziehen der Geschütze durch den Schlamm. So hohe Verlustraten erforderten die ständige Beschaffung neuer Pfer-de. Diese kamen nicht nur aus Rußland, sondern aus ganz Kontinentaleuropa.

Der Verlauf der Operationen an der Ostfront zeigte bald, wie kurzsichtig die Abschaffung berittener Formationen im deutschen Heer gewesen war und weiter blieb, obwohl berittene Patrouillen offensichtlich wirksamer als jede andere Art waren.

Schon am 3. November 1941 wurde der Kavalleriezweig, der von Brigadestärke zu einer Division aufgerückt war, abgeschafft und zur 24. Panzer-Division umgewandelt. Es gab im deutschen Heer keine Kavallerie mehr, doch die Erfahrungen der Truppen im Feld zeigten den Bedarf nach Patrouillen, die schneller als die Infanterie waren oder für Panzer unpassierbares Gebiet queren konnten. Divisionen, die in Krisengebieten kämpften, stellten inoffiziell berittene Einheiten auf, und im Sommer 1943 waren zwei Kavallerie-Regimenter geschaffen und eingesetzt worden. Obwohl das deutsche Heer offiziell keine Kavallerie-Division mehr hatte, war eine aus Kosaken der Sowjetunion aufgestellt worden. Diese Formation, geschaffen im August 1943, umfaßte zwei Brigaden, unterstützt von einem kaukasischen Artillerie-Bataillon. Später wurde eine 2. und dann eine 3. Kosaken-Division gebildet, und diese wurden zu einem Korps verbunden. Ende 1944 wurde das Korps als Ganzes vom Heer in die SS transferiert, die in ihrem Bestand berittene Einheiten behalten hatte. Die SS-Kavallerie-Einheiten wurden kurz nach Kriegsbeginn zur SS-Kavallerie-Division „Florian Geyer“ geformt, und später, während des Kriegs, wurden zwei weitere SS-Kavallerie-Divisionen gebildet.

8. SS-Kavallerie-Division „Florian Geyer“

Heinrich Himmler befahl im Mai 1940 die Bildung einer 1. und 2. Kavallerie-Standarte. Im August des folgenden Jahres wurden sie zu einer Kavallerie-Brigade verschmolzen und an der Ostfront eingesetzt, um das Hinterland von Partisanen zu säubern. Im Juni 1942 wurde diese Formation aus zwei Regimentern zur Division befördert, und im November 1944 erhielt sie den Namenszusatz „Florian Geyer“.

Die Schlachtordnung der Division bestand 1942 aus zwei berittenen Regimentern, unterstützt von einem Artillerie-Bataillon. Dieser Bestand wurde im Sommer 1943 vergrößert und ein drittes berittenes Regiment aufgestellt. Im Herbst dieses Jahres gab es eine Änderung der Regimentsbeschreibung und -numerierung. Sie wurden zu den Kavallerie-Regimentern Nr. 15, 16, 17 und 18.

Die Kavallerie-Division „Florian Geyer“ verbrachte die meiste Zeit an der Ostfront mit Anti-Partisanenoperationen, wobei sie von einem Abschnitt in den anderen verlegt wurde. Während sie als Teil der Garnison von Budapest diente, wurde sie im Kampf zerstört. Der Plan, sie wiederaufzustellen, wurde nicht verwirklicht.

22. SS-Freiwilligen-Kavallerie- Division

Im April 1944 befahl Heinrich Himmler die Schaffung einer Freiwilligen-Kavallerie-Division um einen Kader des 17. Regiments der „Florian Geyer“-Division herum. Die Teile der neugeschaffenen 22. Division wurden bereits in den Kampf geschickt, ehe sie komplett aufgestellt war. Sie kämpften in Debreczen und dann in Budapest, wo der Großteil der Division gefangengenommen wurde. Der Plan, die 22. wiederaufzustellen, wurde nicht in die Tat umgesetzt.

Im September 1944 bestand ihre Schlachtordnung aus: SS-Freiwilligen-Kavallerie-Regiment Nr. 1, das ab Oktober die Nr. 52 trug, Regiment Nr. 2, dann Nr. 53, und Regiment Nr. 3, ab Oktober Nr. 17.

37. SS-Freiwilligen-Kavallerie- Division „Lützow“

Im Februar 1945 befahl Himmler die Schaffung einer Division aus den SS-Kavallerie-Divisionen, die in Budapest zerstört worden waren. Die neu gebildete Formation ging im April 1945 in den Kampf und wurde zwischen der deutschen 6. und 8. Armee nördlich von Wien stationiert. Damals erhielt sie den Namen „Lützow“. Sie wurde zum Rückzug durch Österreich gezwungen und kapitulierte an den amerikanischen Linien.

Ihre Schlachtordnung war: SS-Kavallerie-Regimenter Nr. 92 und Nr. 93.

DAS KOSAKEN-KAVALLERIE-KORPS

Es wurde im November 1944 geschaffen, als Himmler die Verschmelzung der Kosaken-Division mit anderen Kosaken-Formationen des Heeres, nämlich jenen der Waffen-SS und der Polizei, anordnete.

Die neue Formation wurde als 14. SS-Korps gezählt.

DER SANITÄTSDIENST

Das deutsche Heer legte großen Wert auf die Gesundheit seiner Soldaten. Zusätzlich zu vorbeugenden Maßnahmen wie Hygiene, Zahnpflege, Schutzimpfungen und Augenuntersuchungen hatten die Evakuierung und Behandlung der Verwundeten erste Priorität.

Das Sanitätskorps war in Bataillone (Armee-Sanitätsabteilung) gegliedert, von denen jeder Armee im Feld eines zugeteilt war. Das Bataillon hatte die Aufsicht über die Feldlazarette, meist vier. Seine untergeordneten Verbände waren Kompanien, wobei je eine ein Feldlazarett und eine Ambulanz-Abteilung befehligte.

Ein verwundeter Soldat wurde von den Krankenträgern seiner Einheit versorgt. Überstieg dies ihre Kräfte, so konnte er auf eine Station für Opfer evakuiert werden. Hatte er nur wenige ernste Wunden, wurde er dort behandelt, bis er wieder zu seiner Einheit zurückkehren konnte. Schwerere Fälle wurden im Armee-Feldlazarett behandelt. Soldaten, deren Verwundung größere Operationen nötig machte, wurden entlang des ärztlichen Evakuierungsweges weitergegeben, bis sie in einem Kriegslazarett landeten. Waren die Wunden geheilt, so wurde der Soldat in Rekonvaleszenz entlassen und kam danach zur Reserve seines Regiments, von wo er wieder zu seiner Einheit zurückkehren konnte.

Die Art der im Kriegslazarett behandelten Verwundungen erforderte, daß diese in sicheren, ruhigen und hellen Räumlichkeiten untergebracht waren. Die meisten Kriegslazarette befanden sich in großen Städten mit fließendem Wasser und einem funktionierenden Abwassersystem.

Eine Sanitäts-Kompanie im Feld, die, wie gesagt, ein Feldlazarett führte, war in Züge gegliedert, die in den Stationen zur Wunddiagnose arbeiteten. Das Evakuierungs- bzw. Behandlungssystem war sehr effizient, und nach den gleichen internen Operationsrichtlinien, nach denen das deutsche Heer funktionierte, konnte ein Verwundeter evakuiert werden und ein Bett in einem Lazarettzug erhalten, der ihn in ein Krankenhaus im Reich brachte.

Zu den Einheiten, die den Sanitäts-Truppen unterstanden, gehörten auch Gas-Entgiftungs-Kompanien und Züge, die sich mit der Desinfektion der Unterkünfte oder der Soldaten befaßten.

Die Vorbeugemaßnahmen betrafen auch die Zivilbevölkerung der Kriegszonen, besonders die in Ost- und Südosteuropa, wo es keine oder nur spärliche medizinische Versorgung gab. Ärzte des deutschen Heeres und auch solche der SS behandelten Zivilisten und besprühten auch stehende Gewässer mit Chemikalien, um der Malaria vorzubeugen.

PIONIERE

Zu den Pioniereinheiten des deutschen Heeres gehörten nicht nur solche, die Minen legten und beseitigten, Brücken bauten, Gräben und Straßen einrichteten, Eisenbahnschienen reparierten und Sprengungen durchführten, sondern auch Gruppen, die die Aufgaben von Infanterie-Stoßtrupps erledigten. Diese Sturm-Pioniere waren die Speerspitze von Angriffen, sprengten Stacheldrahtverhaue mit „gestreckten Ladungen“, brachen den feindlichen Widerstand in Blockhäusern und Bunkern durch den Ein-

Sturmpioniere überqueren im Westfeldzug 1940 die Meuse. Das Fahrzeug ist ein manngetriebenes, aufblasbares Standard-Schlauchboot.

Soldaten bei der Schulung im Überqueren von Flüssen auf einem Sturm-Schlauchboot.

Die Pionier-Einheiten des Heeres waren mit motorisierten Sturmbooten ausgerüstet. Diese waren besonders an der Ostfront nützlich, wo sie zur Überquerung der breiten Flüsse der Sowjetunion nötig waren.

Schnelle Übermittlung von Befehlen und rasches Handeln als Folge davon waren der Schlüssel zu den Erfolgen der Panzertruppe. Hier sieht man Guderian in seinem Kommandofahrzeug mit dem Nachrichtensystem, das er zur Weitergabe seiner Anordnungen benützte. Im Vordergrund die berühmte Enigma-Maschine.

satz von Sprengladungen und verwendeten Flammenwerfer.

Sie waren in Regimenter, Bataillone und schließlich Kompanien gegliedert.

MELDER

Der Autor Franz Kurowski meinte in einem seiner Werke, daß jeder fünfte Soldat des deutschen Heeres im Zweiten Weltkrieg zu den Melde-Truppen gehörte. Man hielt es für sehr wichtig, drahtlose feindliche Botschaften abzufangen und schnell weiterzugeben, so daß rasch gehandelt werden konnte. Zweifellos war der deutsche Abfangdienst für drahtlose Botschaften sehr effizient, und im Krieg in Nordafrika führte die britische Armee besondere Operation durch, um Hauptmann Seebohms Abteilung zu vernichten, die als eine der wirkungsvollsten des deutschen Heeres angesehen wurde.

Die Organisation der Melde-Truppen des deutschen Heeres reichte nur bis auf Regimentsebene, ihre unterste Ebene war die einer Feld-Kompanie. Ein Melde-Bataillon, die mittlere Ebene, war meist einer Division zugeteilt, ein Regiment war meist Teil einer Armee oder einer Heeresgruppe.

Wie bei anderen Truppenteilen auch ging das Numerierungssystem der Melde-Einheiten von 1 bis 999, wobei aber nicht alle Nummern verwendet wurden. Es gab also Lücken in der Reihenfolge. Versuche, eine Melde-Formation mit einer größeren

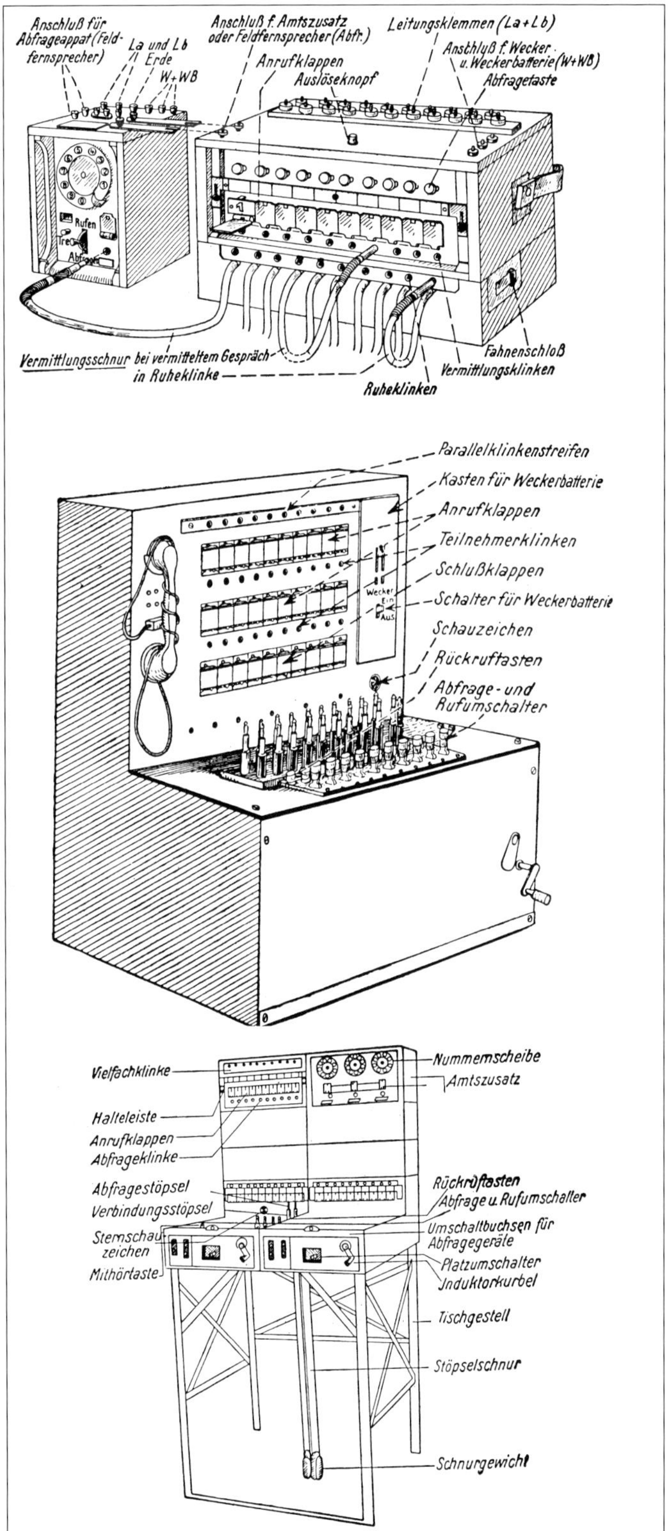

Eine Telefonzentrale für zehn Leitungen.

Ein vorgeschobener Beobachtungsposten der Division „Großdeutschland“ mit seiner Feldtelefon-Vermittlung (der für zehn Anschlüsse).

Im Mai 1944 versuchte man, Tito und sein Hauptquartier durch einen Schlag aus der Luft zu vernichten. Hier sieht man das Meldezentrum der SS-Fallschirmjäger-Einheit, die den Angriff durchführte.

Ein höherer Melde-Offizier prüft die Ausrüstung am Nachrichtenterminal des Heeresgruppen-HQ.

Einheit der gleichen Nummer zu verbinden (z. B. Melde-Bataillon Nr. 1 mit der 1. Infanterie-Division und das 1. Motorisierte Melde-Regiment mit der 1. Panzerarmee), funktionierten in der Praxis nicht.

Melde-Einheiten, die einer Gebirgs-Division angeschlossen waren, trugen in ihrem Namen den Zusatz „Gebirgs-", und Bataillone unter der Stärke einer Panzer- und Panzergrenadier-Division waren mit der Bezeichnung „Motorisiert" versehen. Sie waren ein integrierter Teil dieser mobilen Verbände.

Melde-Bataillone, die an Infanterie-Divisionen angeschlossen waren, verfügten nur über Transportmittel für ihre drahtlose Ausrüstung. Die Melder gingen zu Fuß oder wurden auf Pferdekarren, den allgegenwärtigen „Panjewagen", befördert.

Die Ausrüstung der Signal-Einheiten war klug gebaut und robust konstruiert. Sie umfaßte ein weites Spektrum, von der Feldtelefonanlage bis zum Netzwerk für zehn Anschlüsse und Fernschreiber, sowie Sender und Empfänger verschiedener Stärken.

DIE MILITÄRPOLIZEI

Es gab drei Grundarten von Poizeikräften: die Feldgendarmerie, die Geheime Feldpolizei und die Verkehrsregelungs-Polizei. Einheiten aller drei Arten waren als Bataillon einer Armee oder einer Panzer-Armee zugeteilt. Die Grundstruktur gliederte sich in Trupps oder Gruppen, die nach Bedarf im Hinterland des Heeres oder in den Besatzungszonen eingesetzt wurden.

Die Feldgendarmerie-Einheiten trugen Uniformstücke, die sie von den anderen Arten unterschieden: ein Wollabzeichen mit einem Kranz von Eichenlaub, darin ein Adler und das Hakenkreuz. Dazu trugen sie an einer Armbinde („Ärmelstreifen") das Wort „Feldgendarmerie" aus Silbergarn.

Die zweite Art von Militärpolizei, die Geheime Feldpolizei, war in Gruppen gegliedert, deren Größe und Stärke ganz von den lokalen Umständen abhing. Eine Gruppe hatte normalerweise Kompaniestärke, wenn sie einer Armee oder Heeresgruppe angegliedert war, doch nur Bataillonsgröße, wenn sie Teil des Besatzungsheeres war.

Der dritte Typ der Militärpolizei war auf die Verkehrsregelung spezialisert. An der Ostfront gab es weniger Straßen als in Westeuropa, und diese waren für den Schwerverkehr nicht geeignet. Bei größeren Militäroperationen, wenn Massen von Männern, gepanzerten Kampffahrzeugen und Karren bewegt werden sollten, war es entscheidend, daß koordinierte Fahrpläne erstellt und die Einhaltung der zugewiesenen Straßen genau

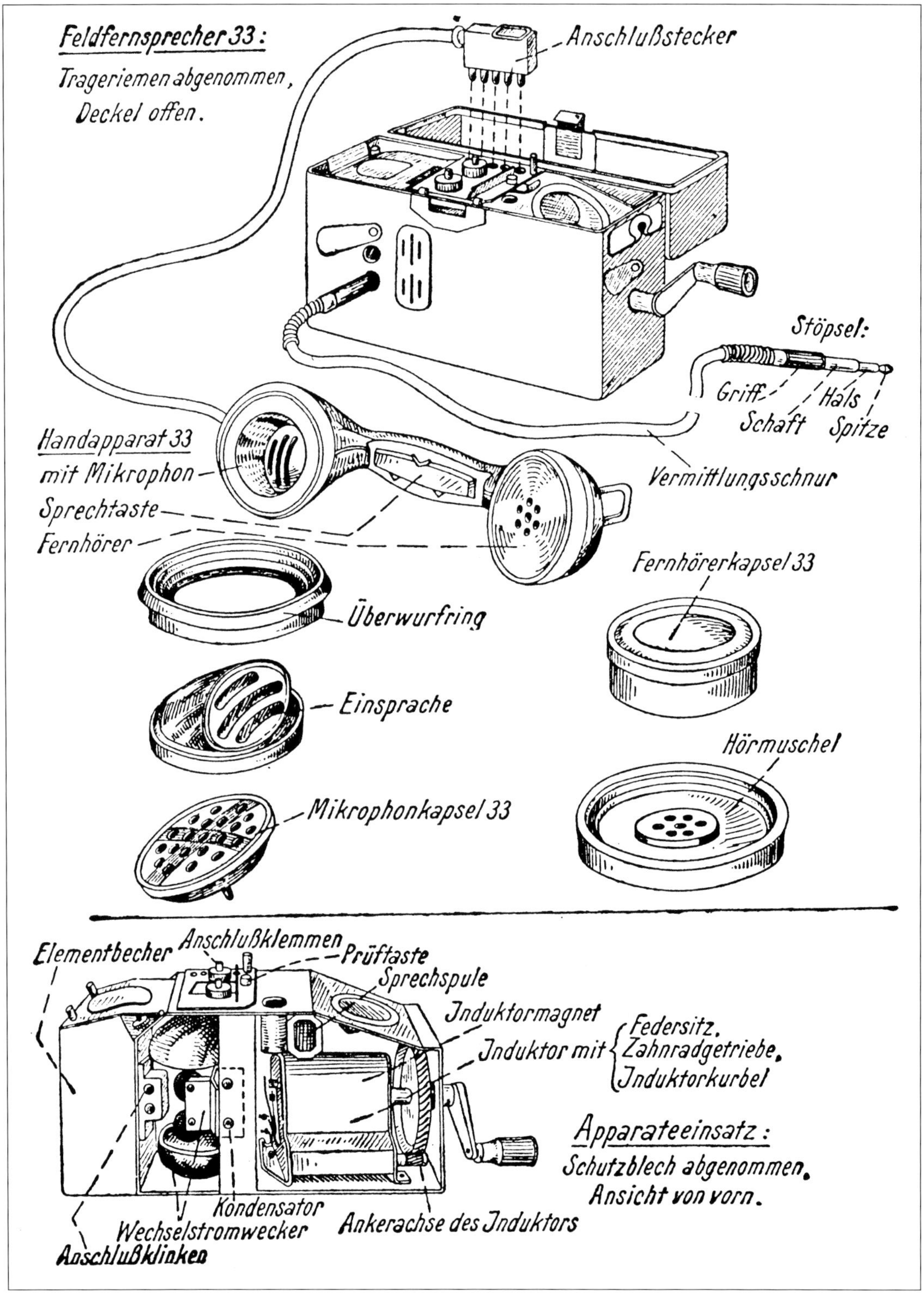

Das Feldtelefon 33, hier ohne seine Tragriemen und mit geöffnetem Deckel.

kontrolliert wurden. Die Bataillone der Verkehrsregelungs-Polizei führten diese Aufgaben durch, und ihre Einheiten wurden nach Bedarf als Bataillon oder als Kompanie eingesetzt.

DER VETERINÄRDIENST

Der Veterinärdienst hatte vor allem die Aufgabe, im Einsatz krank gewordene oder verwundete Pferde und Maultiere des deutschen Heeres zu versorgen und zu behandeln. Dieser Truppenteil war normalerweise als Kompanie strukturiert, und eine Einheit dieser Größe verwaltete auch die Armee-Pferdelazarette.

Daneben organisierte der Veterinärsdienst teilweise auch den motorisierten Transport der Pferde.

DER TRANSPORT-TRUPPENTEIL UND SEINE FAHRZEUGE

Der Transportdienst des deutschen Heeres war nicht mit reichlicher und erstklassiger Ausrüstung versehen, da sich darunter auch viele Zivilfahrzeuge befanden, die für den Militärgebrauch adaptiert worden waren.

Nimmt man den armseligen Produktions- und Auslieferungsbestand, so überrascht es, daß der Transportdienst so gut funktionierte, wie er es tat. Der Ausstoß an Lastwagen aus deutschen Fabriken und die Zahl der produzierten Typen konnte sich nie mit der Zahl erstklassiger Fahrzeuge der alliierten Armeen messen. Es gab keinen Reichsplan für die Massenproduktion von Militärfahrzeugen auf Rädern, der Bedarf des Heeres wurden daher meist vor Ort durch Beschlag-

Der Volkswagen war im deutschen Dienst das Gegenstück zum Jeep der alliierten Armeen. Dieser hier ist in Nordafrika im Einsatz.

Es gab auch eine amphibische Version des Volkswagen, bekannt als „Schwimmwagen". Beim zweiten Fahrzeug dieser Kolonne sieht man die Schwimmwagen-Antriebsschraube in ihrem Schutzring.

nahme und Plünderung gedeckt. So konnte eine deutsche Transportkolonne im aktiven Dienst neben den normalen Militärlastwagen auch zivile enthalten, dazu Autobusse und sogar Privatwagen. Der Ersatzteilbedarf für diese Mischung an Fahrzeugen muß kaum zu decken gewesen sein. Die Abnutzung an den Zivilfahrzeugen, die für glatte Straßen gebaut worden waren und nun ihren Weg durch den russischen Schlamm nehmen mußten, führte zu zahllosen Zusammenbrüchen.

Der Transport-Truppenteil war meist in Bataillonen organisiert, obwohl auch über 50 Regimenter für Militärtransporte aufgestellt wurden, vor allem für den Truppentransport. Zusätzlich zu den Regimentern gab es auch militärische Transport-Bataillone und unabhängige Kompanien zur Reparatur und Überholung von Fahrzeugen und Panzern. Oberhalb der Regimentsebene gab es Armee- und Oberkommando-Transportfahrzeugparks, zu deren Bestand die erwähnten Einheiten gehörten. Zusätzlich zu den Regimentern, Bataillonen und Kompanien gab es noch unabhängige Züge für die Versorgung mit Benzin und Wasser.

Die wichtigsten Modelle, die der Transportzweig verwendete, waren die Fahrzeuge von Daimler-Benz, Buessing, Hansa-Lloyd (Borgward), Demag, Hanomag und Famo. Die meisten Lastwagen fuhren mit Benzin, und eine der Anforderungen an die Konstruktion von Lastwagen bestand darin, daß sie durch raschen Umbau auch für andere Zwecke eingesetzt werden können mußten. Erst später im Krieg wurden spezialisierte

Transportfahrzeuge gebaut – vor allem Geschütz-Schlepper und Panzertransporter.

Zu den verbreitetsten mittleren und schweren Lastwagentypen gehörte der Opel Blitz 3,1t-36 S, ein Dreitonner, auf dessen Fahrgestell sich verschiedene Aufsätze montieren ließen. Seine Militärversion war der 3,6t-36 S. Er hatte einen Zweirad-Hinterradantrieb, einen wassergekühlten Benzinmotor, der 68 Brems-PS brachte, und ein Getriebe mit vier Vorwärtsgängen und einem Rückwärtsgang.

Der Opel 6700 A war die Vierradantrieb-Version des 3,6. Er hatte ein umschaltbares Getriebe, eines für die Fahrt auf Straßen, eines für Geländefahrten.

Die in Deutschland gebauten Versionen des Ford-Dreitonners, der G 917 T und der G 997 T, waren beide für Militärzwecke abgewandelte Zivilfahrzeuge. Sie waren Lastwagen mit Zweiradantrieb und wassergekühltem V8-Motor, der 78 Brems-PS brachte.

Zu den Mercedes-Benz-Fahrzeugen im Dienst des deutschen Heeres gehörte auch ein Dreitonner-Lastwagen, Typ LCF 3000, mit einem verstärkten Fahrgestell. Er hatte einen Dieselantrieb mit wassergekühltem Vierzylinder-Motor und die üblichen vier Vorwärtsgänge und einen Rückwärtsgang. Der LCF hatte Zweiradantrieb.

Andere Lastwagen der Mercedes-Serie gehörten zur Klasse der 10-Tonner. Auch der Buessing NAG 4,5-Tonner war einer der Standard-Lastwagen im deutschen Heer.

Leichte Fahrzeuge

Das leichte Standardfahrzeug war eine Militärversion des Volkswagen mit Faltdach. Der luftgekühlte Vierzylinder-Motor befand sich im Heck des Wagens und brachte 24,5 Brems-PS. Es gab vier Vorwärtsgänge und einen Rückwärtsgang. Der Volkswagen mit Zweirad-Heckantrieb kam auf eine Höchstgeschwindigkeit von 80 km/h.

Es gab auch eine amphibische Version des Volkswagen, den „Schwimmwagen“. Seine Kurbelwelle reichte bis in sein Heck, wo sie mittels einer Klauenkupplung eine Schraubenwelle antreiben konnte. Bei Fahrten an Land wurden die Schraube und die Welle am Heck hochgeklappt.

Unter den sonstigen Fahrzeugtypen gab es den Hanomag 325, den Stoewer R 180 W und AW 2 und den Mercedes-Benz 170 V. Diese mittleren und schweren Wagen waren kräftiger und robuster gebaut als der Volkswagen.

Der schwere Wagen konnte für viele Zwecke eingesetzt werden, unter anderem auch als Zugmaschine für leichte Artillerie.

Kapitel zwölf

Fahnen und Flaggen

Seit Beginn der überlieferten Geschichte führten Männer, die in den Krieg zogen, ein Abzeichen mit sich, das ihre Stammes-, Rassen- oder Staatszugehörigkeit symbolisierte und so der Brennpunkt ihres gemeinsamen Willens war. Schon im Mittelalter war dies eine Fahne gewesen. Auf dem Schlachtfeld begeisterte sie die Männer, wenn sie beim Angriff vor ihnen hergetragen wurde, oder sie diente beim Rückzug oder in einer anderen verzweifelten Lage als Sammelpunkt. Im Laufe der Jahrhunderte wurde die Fahne der Einheit – die Regimentsfahne – zu einem so sehr verehrten Objekt, daß ihr Verlust in der Schlacht die bitterste Schmach bedeutete, die ein Regiment überhaupt treffen konnte.

Auch die Einheiten der deutschen Reichswehr führten im Ersten Weltkrieg noch Fahnen in den Kampf, und als diese Praxis in den letzten Kriegsjahren aufgegeben wurde, hob man sie in Museen, lokalen Amtsgebäuden und Kirchen auf.

Nach dem Ersten Weltkrieg gab es eine Phase von mehr als 20 Jahren, in der keine Fahnen präsentiert wurden, die Zeit der Weimarer Republik und ihrer klar antimilitaristischen sozialistischen Regierung. Die ablehnende Haltung der Weimarer Regierung

Zwei Fotografien, die zeigen, wie die Reichskriegsflagge am Ende des Griechenlandfeldzuges 1941 gehißt wird.

Eine der ersten Paraden, bei der Heeres-Einheiten Fahnen erhielten. Das Bild zeigt Standarten, präsentiert von General von Reichenau. Beachten Sie die Schärpen, den mit Biesen besetzten Parade-Waffenrock, den Scharfschützengurt an der Schulter des Mannes vorne und die Kragenspiegel der Unteroffiziere, die die Fahnen tragen.

gegenüber militärischen Abteichen war mit Anbruch der Naziregierung vorbei. Bereits am 16. März 1936 hielt eine offizielle Verlautbarung fest, daß die Einheiten der Luftwaffe am 21. April 1936 neue Standarten erhalten würden. Die anderen Truppenteile erhielten 1936 und 1937 Fahnen.

Nicht nur auf militärischer, sondern auch auf nationaler Ebene wurde mit der Haltung der Weimarer Regierung gebrochen. Seit dem Ende des Ersten Weltkriegs war die Nationalfahne schwarz, rot und gold gewesen. Kurz nach der Machtergreifung der Nazis im Januar 1933 wurde die Wiedereinführung der Farben Rot, Weiß und Schwarz als Nationalfarben befohlen. Bei offiziellen Anlässen wurden Fahnen dieser Art gemeinsam mit dem Hakenkreuzbanner der Nazipartei gehißt.

Es gab eine weitere offizielle Fahne, die Reichskriegsflagge. Diese bestand aus einem roten Feld, auf dem sich ein Kreuz aus abwechselnd schwarzen und weißen Bändern befand. In der Mitte des Kreuzes war das Hakenkreuz in einem schwarzweißen Kreis. Ein Feld links oben enthielt das Abzeichen des Eisernen Kreuzes.

Für Hitler und die Befehlshaber der drei Truppenteile gab es eigene Kommandofahnen. Miniaturen dieser Flaggen waren in einer Plastikhülle an der Seite jedes offiziellen Wagens befestigt.

Wie erwähnt, erhielt die Luftwaffe die ersten Fahnen der Nazizeit, und fast fünf Monate sollten vergehen, ehe das Heer die seinen bekam. Auf der Parade vom 14. September 1936 gab es 16 Einheiten. Regiments-Standarten wurden an eine Gruppe verliehen, zu der Infanterie-, motorisierte Infanterie-, Panzer-, Kavallerie-, Aufklärungs-, Melde- und Artillerie-Formationen gehörten. Dieser ersten Parade folgte eine Reihe weiterer, darunter eine, bei der das frühere österreichische Heer seine Standarten übergab und neue erhielt. Die letzte Übergabe von Fahnen fand in Danzig statt, wo Einheiten des Ersatzheeres 1940 die ihren erhielten.

Die Standard-Regimentsfahne war ein Seidenstück von 125 cm im Quadrat in der Farbe des Truppenteils: Weiß für die Infanterie, Grün für die Jäger, Rot für die Artillerie usw. In der Mitte der Fahne befand sich ein Kranz von silbernem Eichenlaub, in dem der Wehrmachtsadler mit schwarzem Hakenkreuz in den Krallen saß. In den vier Ecken

Infanterie-Einheiten marschieren in Berlin, etwa 1936, mit ihren neu zugeteilten Fahnen an Hitler vorüber.

Versammelte Standarten und Flaggen bei einer Parade in Potsdam, 1937.

Ein Panzer II mit gehißter Regimentsfahne führt kurz nach der Besetzung Österreichs 1938 eine Parade in Berlin an.

befand sich ein Hakenkreuz. Die Fahne war an ihren drei flatternden Seiten mit einer doppelten Umrandung aus 4,5 cm langen Silberaluminiumfäden eingefaßt.

Die Fahnenstange war doppelt mannshoch und trug an der Spitze einen Adler mit dem Hakenkreuz in den Krallen. An der Stange waren Wimpel befestigt, die auf die besondere Bedeutung der Einheit hinwiesen, meist eine Kampfauszeichnung. Eine Einheit, deren Fahne völlig von den oben beschriebenen abwich, war das 3. Bataillon des 13. Grenadier-Regiments; seine Fahne ging auf die Fahne des kaiserlich-österreichischen „Hoch und Deutschmeister"-Regiments zurück.

Gepanzerte Einheiten und andere Formationen, die zum Bestand von Panzer-Divisionen gehörten oder in früheren Jahren beritten gemacht worden waren, trugen eine Standarte, die etwas kleiner war als die Standardfahne. Aus ihrem wehenden Rand wurde ein 25 cm langes Stück herausgeschnitten, so daß er die Form eines Schwalbenschwanzes erhielt. Die Stange dieser Standarten fiel dadurch auf, daß sie durch sechs vertikale, glänzende Metallrippen verstärkt war, die sie ganz umgaben. Die Stange war ein einzelnes Eichenstück, 3 m lang, schwarz bemalt und glasiert. Die Spitze hatte einen Knauf aus politiertem Aluminium, 26 cm hoch. Der Wehrmachtsadler an der Spitze war 11 cm hoch.

Das untere Ende der Stange wurde durch ein 7 cm langes, geschliffenes und versilbertes Messingstück abgeschlossen. Rund um die Spitze der Stange war ein 5 cm hoher

Adolf Hitler bei einem Manöverbesuch. Die Führerstandarte zeigt seine Anwesenheit an.

Die Führerstandarte bei einem Inspektionsbesuch Hitlers an der Siegfriedlinie 1939. Beachten Sie das Standartenträger-Abzeichen auf dem rechten Ärmel des Waffenrocks des Unteroffiziers.

Ring oder Kragen angebracht, in den der Name der Einheit eingraviert war. An einem weiteren Ring waren Gedächtniswimpel angebracht.

Es gab etliche weitere Stücke an der Uniform, die mit Fahnen und Standarten zu tun hatten. So trug der Unteroffizier, der die Fahne seiner Einheit trug, einen speziellen Ringkragen. Dieser bestand seit August 1936 aus einer halbmondförmigen Metallplatte an einer Kette, die von je einem Knopf an den äußeren Ecken gehalten wurde. In jeden Knopf war das Eichenlaubmuster eingeprägt. In der Mitte der Metallplatte saß ein Wehrmachtsadler zwischen zwei Miniaturbildern der Regimentsfahne. Zur Uniform dieses fahnentragenden Unteroffiziers gehörte auch ein besonderes Armstück, in das auf schwarzem Grund ein Paar der Flaggen seiner Truppeneinheit eingewebt war. Die Spitzen der Fahnenstangen auf dem Armabzeichen zeigten nach außen, zwischen ihnen saß ein schwarzer Wehrmachtsadler,

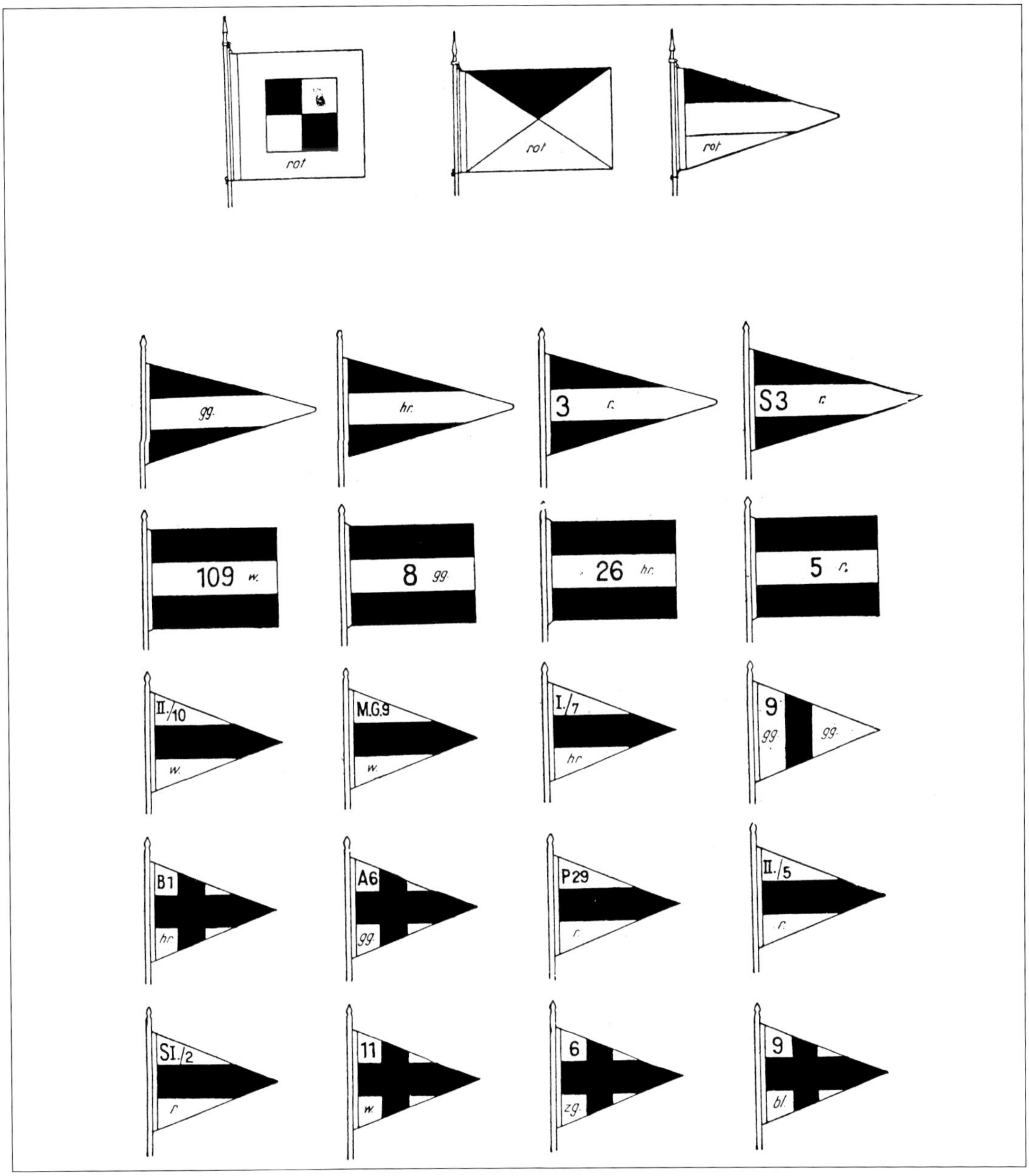

Fahnen von Kommandeuren und Hauptquartieren. Oben (von links nach rechts): Oberkommando einer Armee oder Heeresgruppe; Fahne des Korps-Kommandeurs; Fahne des Divisions-Kommandeurs. Niedrigere Kommandos (von links nach rechts): Kavallerie-Brigade-HQ; HQ eines Artillerie-Kommandeurs; Panzer-Brigade-HQ; HQ einer Schützen-Brigade (mot.). Zweite Reihe: Infanterie-Regiments-HQ; Kavallerie-Regiments-HQ; Artillerie-Regiments-HQ; Panzer-Regiments-HQ. Dritte Reihe: Infanterie-Bataillons-HQ. Maschinengewehr-Bataillons-HQ; Artillerie-Bataillons-HQ; HQ des Aufklärungs-Bataillons einer Division. Vierte Reihe: Artillerie-Beobachtungs-Bataillions-HQ; Aufklärungs-Bataillons-(mot.)-HQ; Panzer-jäger-Bataillons-(mot.)-HQ; Panzer-Bataillons-(mot.)-HQ. Unterste Reihe: Schützen- oder Krad-schützen-Bataillons-HQ; Pionier-Bataillons-HQ; Melde-Bataillons-HQ; Versorgungs-Korpseinheits-HQ.

Fahnen und Standarten des Dritten Reichs. Oben: Standarte des Führers und Reichskanzlers. Zweite Reihe (von links nach rechts): Standarte des Oberbefehlshabers des Heeres; des Oberbefehlshabers der Luftwaffe; des Oberbefehlshabers der Marine. Dritte Reihe: das Standard-Hakenkreuzbanner; die Reichskriegsflagge; die Reichsdienstflagge.

der ein schwarzes Hakenkreuz hielt. Darunter befand sich ein Eichenlaub.

Die gesäumte Lederschärpe zum Tragen der Fahne hatte an der Oberfläche zwei Borten aus Silberaluminium, zwischen ihnen einen Stoffstreifen in der Farbe des Truppenteils. Unten an der Schärpe war ein Tragegriff. Sie hing über die linke Schulter des Trägers und war so adjustiert, daß der Griff an der rechten Hüfte lag, gerade oberhalb des Leibriemens. Wurde die Fahne getragen, so hielt der Träger den Griff in der rechten Hand. Der linke Arm lag horizontal über der Brust, und die Hand faßte die

Schwere Artillerie zieht bei einer Parade in Nürnberg 1938 am Podium vorüber.

Stange. Die Schärpe konnte bei rauhem Wetter durch einen Überzug aus schwarzem Kunstleder geschützt werden. Wurde die Fahne gerade nicht gezeigt, so wurde sie von einem Überzug aus hellem Musselin geschützt. Der Schlechtwetter-Schutz für die Fahne bestand aus schwarzem, wasserabweisendem Wachstuch und trug an der Spitze eine Metallkappe.

Die persönliche Standarte des Führers bestand aus rotem, quadratischem Tuch, dessen Größe vom Anlaß abhing. War sie etwa an einem Fahrzeug befestigt, so bestand sie aus einem quadratischen Seidenstück von 30 cm Länge, handbestickt mit einer weißen Scheibe aus Seidenzwirn oder Goldfäden, in der sich ein runder Kranz von goldenem Eichenlaub mit Goldborten in den vier Himmelsrichtungen befand. Der Kranz rahmte ein schwarzes Hakenkreuz, und in den Ecken des roten Feldes hielt je ein Adler ein kleineres Hakenkreuz in den Krallen. Rechts oben und links unten war es der Adler der Nazipartei, in den anderen beiden Ecken der Adler der Wehrmacht, alle vier in Gold. Die Standarte wurde an allen vier Seiten von einem schwarzweißen Doppelband gerahmt.

Der Reichskriegsminister, der Oberbefehlshaber der Wehrmacht, der Befehlshaber des deutschen Heeres und der Generalstabschef des Heeres hatten ebenfalls Fahnen, die ihre Stellung anzeigten.

Auf niedrigerer Ebene trug das Fahrzeug des Kommandeurs einer Einheit einen Wimpel. Ein größeres Exemplar des Wimpels an einer Stange zeigte das Hauptquartier des Offiziers an. Bespiele solcher Wimpel sieht man auf Seite 159.

KAPITEL DREIZEHN

UNIFORMEN

Die Uniform, die Keidung der Militärstreitkräfte, hat Farben, die die Soldaten mit dem Gebiet der Umgebung verschmelzen lassen und daher teilweise tarnen. Auch macht sie die Männer für ihr eigenes Heer identifizierbar.

Im deutschen Heer wurde das Feldgrau, das seit den Tagen des Kaiserreichs die Farbe der Uniformen gewesen war, im Zweiten Weltkrieg gegen Grüngrau ausgetauscht.

Bis zum Aufstieg der Nazis zur Macht hatte die Reichswehr der Weimarer Republik die Uniform des kaiserlichen Heeres getragen. Die Nazipartei führte 1935 die Wehrpflicht wieder ein und führte einen neuen Typ von Militärkleidung ein, der das Ansehen des Soldaten steigern sollte. Diese Uniform war elegant und praktisch. Es gab sie in zwei Typen: als Paradeuniform für feierliche Anlässe und als Dienstkleidung, die nicht nur in den

Soldaten der Reichswehr der Weimarer Republik in den Uniformen, die in den ersten Jahren des Nazi-Regimes ausgemustert wurden.

Der erste Kriegswinter in Rußland zeigte, daß das Heer für die niedrigen Temperaturen und die beißende Kälte ungenügend vorbereitet war. Die Reichsregierung veranstaltete eine Sammlung warmer Kleider für die Frontsoldaten. Hier wird gerade der Nachschub für den Osten in einen Eisenbahnwaggon verladen.

Baracken, sondern im Krieg auch als Kampfuniform getragen wurde.

Die Grunduniform bestand aus Kopfbedeckung, Waffenrock oder Jacke, Hose und Schuhwerk. Das deutsche Heer der Hitlerzeit hatte acht Uniformtypen, darunter Sport- und Arbeitskleidung, Feld-, Melde- und Gardeuniform. Die letzteren beiden bestanden aus der Standarduniform, geschmückt mit einigen Zusatzstücken. Bei der Parade- und der Ausgehuniform trug der Soldat einen kunstvoll mit Abzeichen geschmückten Waffenrock.

Wir behandeln hier die Uniformen der einfachen Mannschaften. Die Offiziersvarianten der Uniformen waren ähnlich, bestanden jedoch aus feinerem Tuch.

FUSSBEKLEIDUNG

Der vielleicht bekannteste Teil der deutschen Militärkleidung war der hohe Stiefel, meist als „Marschstiefel" bezeichnet. Dieser war aus schwarzem Leder und wurde von allen Einheiten außer den berittenen getragen. Er reichte bis knapp unters Knie und hielt daher die unteren Hosenbeine trocken und frei von eingetrocknetem Matsch. Die Sohle war schwer beschlagen, und die Ferse hatte eine Stahlkappe.

In den mittleren Kriegsjahren wurde der Ledernachschub knapp, und 1943 probierte man als Ersatz für den Marschstiefel Schnürstiefel mit Segeltuchfußspangen aus.

Das Regiment „Großdeutschland“ hatte eine spezielle Uniform, die man hier sieht. Der Waffenrock war an den Schulterstreifen, am Kragen, den Manschetten und vorne kunstvoll mit Biesen besetzt, jeweils in der Farbe des Truppenteils. Der Kragen zeigt Litzen in der Art der kaiserlichen Armee zur Bezeichnung des Garderegiments.

Sie wurden in der Folge allgemein ausgegeben.

Es gab noch zwei weitere hohe Schuhtypen gegen das nasse und eiskalte Wetter an der Ostfront. Der eine war ein hoher Stiefel mit einem Oberteil aus Filz und mit Ledersohlen. Er wurde anstelle des Marschstiefels getragen. Der andere war ein großer Überstiefel aus geflochtenem Stroh, in den der eigentliche Stiefel paßte.

Die tropische Variante des hohen Stiefels war der Segeltuch-Schnürstiefel, der an die deutschen Soldaten in Nordafrika ausgegeben wurde. Die Soldaten der Gebirgsjäger-einheiten erhielten speziell beschlagene, knöchelhohe Bergschuhe. Kavallerie-Einheiten hatten Reitstiefel, die weiter hinaufreichten als der Marschstiefel. Beim Sport, Querfeldeinlaufen und ähnlichen Tätigkeiten, bei denen der Marschstiefel ungeeignet war, trugen die Soldaten weiche Laufschuhe.

HOSEN

Hosen waren grau, gerade geschnitten und hatten keine Biesen. Paradehosen wurden zur Ausgehuniform oder bei feierlichen Anlässen getragen. Sie waren an der Außennaht jedes Beins mit Biesen in den Farben des Truppenteils besetzt. Zu diesen Hosen wurden Stiefel getragen – Schuhe waren ausdrücklich verboten.

Die Hosen hatten eine hohe Taille, einen Hosenschlitz mit vier Knöpfen und einen fünften Knopf im Bund, seitlich je eine Tasche, ferner eine Gesäßtasche und vorn eine Uhrtasche. Am Hosenbund gab es zwei Knöpfe, an denen die Hosenträger befestigt wurden.

Berittene Einheiten trugen Reithosen, Panzer-Truppen lange, an den Knöcheln geraffte Hosen, die in geschnürte Halbstiefel paßten. Die Hosen der Panzer-Einheiten waren aus schwarzem Stoff und ohne Biesen.

WAFFENRÖCKE

1936 wurde der armselige Weimarer Rock durch einen neuen Waffenrock ersetzt. Er hatte eine durchgehende Brust und wurde durch fünf matte Metallknöpfe geschlossen, ein weiterer Metallknopf saß auf jeder Hüft- und den zwei gefalteten Brusttaschen, deren Klappen drei Spitzen hatten.

Der heruntergeklappte Kragen war mit dunkelgrünem Tuch überzogen und hatte auf beiden Seiten der Naht eine Litze in der Farbe des Truppenteils. Dunkelgrünes Tuch diente auch als Untergund für das Hohheits-Abzeichen, das sich über der rechten Brust-

Eilboten des deutschen Heeres, die zum Schutz Übermäntel tragen, geben den Fahrzeugen der Kolonne, die sie anführen, Signale.

tasche befand, und für die Schulterstreifen. Am Hals wurde der Waffenrock mit Haken und Öse geschlossen. Zusätzlich zu den vier Außentaschen gab es noch rechts vorn eine Innentasche, die die Feldordnung trug.

An der Taille gab es vorn und hinten je zwei Ösen. An diesen waren die Haken für den ledernen Leibriemen und für Ausrüstungsgegenstände angebracht. Die Rückseite hatte einen 15 cm langen Schlitz. Die Ärmel der Waffenröcke hatten keine umgelegten Manschetten, sondern konnten so angepaßt werden, daß sie das Handgelenk fest umschlossen. Als Dienstkleidung getragen, wurde die Jacke bis zum Hals zugeknöpft, doch beim Marschieren oder im aktiven Einsatz blieb der oberste Knopf und der Haken-und-Ösen-Verschluß offen.

1943 wurde in den deutschen Keiderfabriken das Rohmaterial knapp. Daher änderte sich das Waffenrockmodell von 1936. Das Dunkelgrün des Kragens und der Schulterstreifen wurden durch feldgraues Tuch ersetzt, die Taschen waren glatt. Im Jahr darauf gab es eine noch drastischere Veränderung, als der Waffenrock zur Feldbluse wurde, ähnlich dem Kampfanzug der britischen Armee. Zu dieser Zeit wechselte die Farbe der Uniform, wie bereits erwähnt, von Feldgrau zu Graugrün. Die Feldbluse von 1944 hatte keinen Waffenrocksaum, sondern statt dessen einen 12 cm breiten Bund. Das Weglassen des Saumes hatte zur Folge, daß die zwei äußeren Hüfttaschen wegfielen. Sie wurden durch zwei Innentaschen ersetzt.

Jacken und Hosen mit graugrünem Tarnmuster wurden im Sommer und von Scharfschützen verwendet. Bei Schnee wurde weiße Tarnkleidung getragen. Zusätzlich gab es im Winter Anoraks, und in den mittleren Kriegsjahren wurden Wendeoveralls eingeführt, die als Sommer- und Wintertarnung benutzt werden konnten.

MÄNTEL

Etliche Arten waren in Verwendung, doch der Standardmantel war feldgrau mit dunkel-

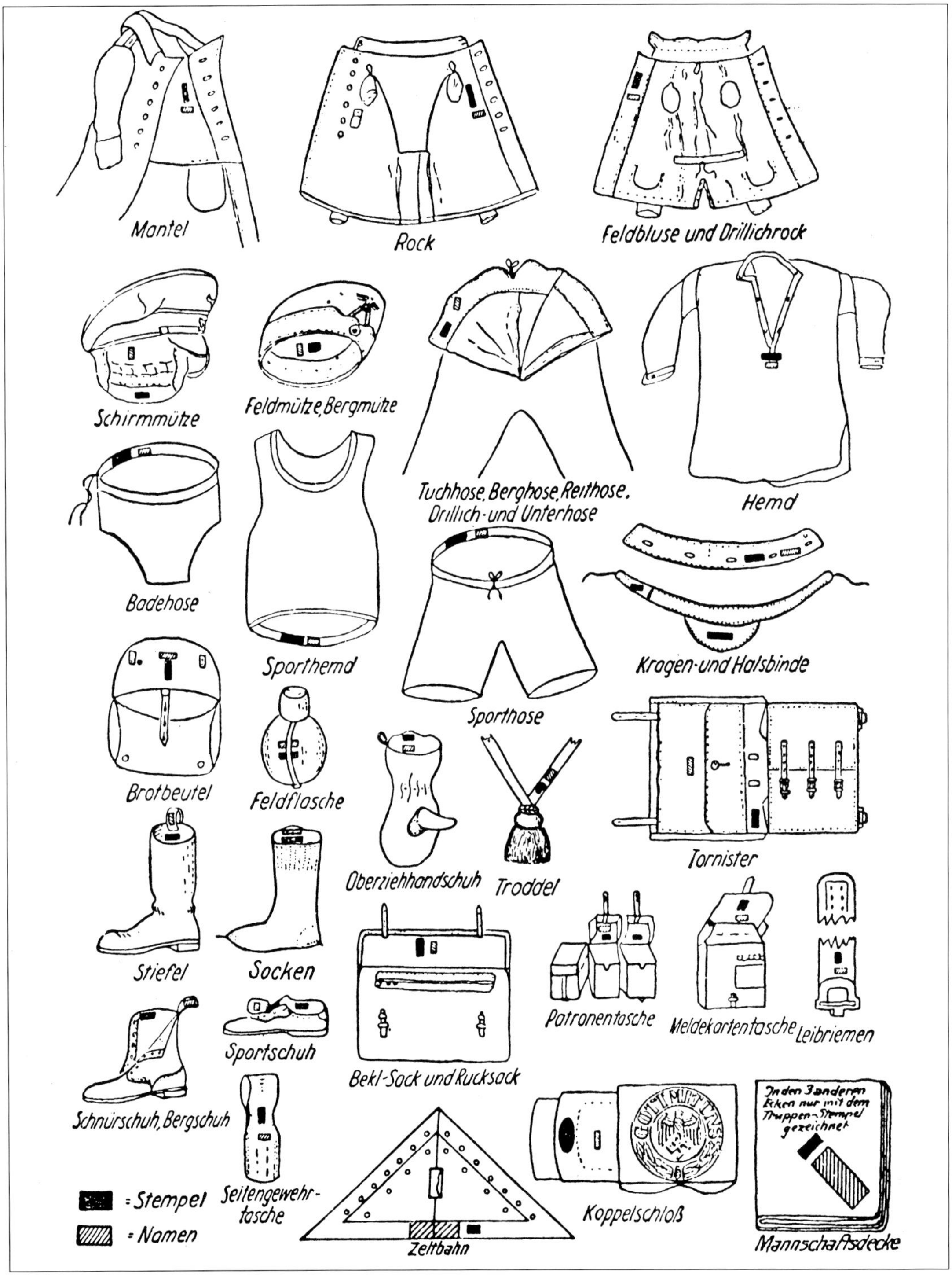

Bei den deutschen Truppen trugen alle Kleidungs- und Ausrüstungsstücke Etiketten mit dem Namen des Trägers. Der genaue Platz dafür war in Vorschriften festgelegt und wird hier als dunkle Markierung gezeigt.

berborten gebildet. Feldoffiziere vom Major aufwärts hatten ebenso dicke Schulterklappen, jedoch in fünf Schlaufen genäht (siehe Seite 171). Eine sechste Schlaufe war an dem Knopf, der die Schulterklappe hielt, befestigt. Die Ränge vom Generalmajor aufwärts hatten mit Gold- und Silberstreifen durchwobene Schnüre, die in fünf Schlaufen genäht waren, von denen vier auf der Schulter lagen und die fünfte am Schulterklappenknopf befestigt war.

Der metallene Schulterklappenknopf war bei den niederen Rängen grau, bei Offizieren silbern und bei Generälen vergoldet. Etliche Heeres-Formationen durften zusätzlich zur Regiments- oder einer anderen Identifikationsnummer an den Schulterklappen spezielle Identifikationsabzeichen tragen, entweder an der Klappe oder an der Mütze. Dazu gehörte das 134. Grenadier-Regiment, das an seinen Schulterklappen das Kreuz der „Hoch und Deutschmeister" trug. Die „Großdeutschland"-Formationen trugen ein metallisches Abzeichen mit den ineinander verschlungenen Buchstaben „GD", während das Berliner und das Wiener Garde-Regiment die Buchstaben „B" bzw. „W" führten. Einheiten der Division „Feldherrnhalle" trugen an ihren Schulterklappen die SA-Rune, und das Bataillon „Führergrenadier" hatte „FG".

Der Gebrauch dauerhaft angebrachter Nummern oder Ziffern wurde in den mittleren Kriegsjahren aufgegeben. Sie wurden durch Namen in Schubern aus feldgrauem Tuch ersetzt.

Ein weiteres Abzeichen an der Mütze war der Totenkopf, den das 5. Kavallerie-Regiment als Erinnerung an die Preussischen Garde-Husaren trug, deren Tradition es fortführte. Auch das 92. Infanterie-Regiment (Braunschweig) trug ursprünglich ein Totenkopf-Abzeichen. Später übernahmen es jene Formationen, die seine Nachfolger wurden.

Ein drittes Mützenabzeichen war der Schwedter Adler, den das 1. Brandenburger Dragoner-Regiment trug. Gebirgs-Infanterie-Einheiten trugen ein Edelweiß aus Metall.

Als weitere Kennzeichen trugen alle Ränge unter dem General Litzen in ihrer Waffenfarbe am Kragen.

Abzeichen für Spezialisten innerhalb einer Einheit wurden nur von den Mannschaften

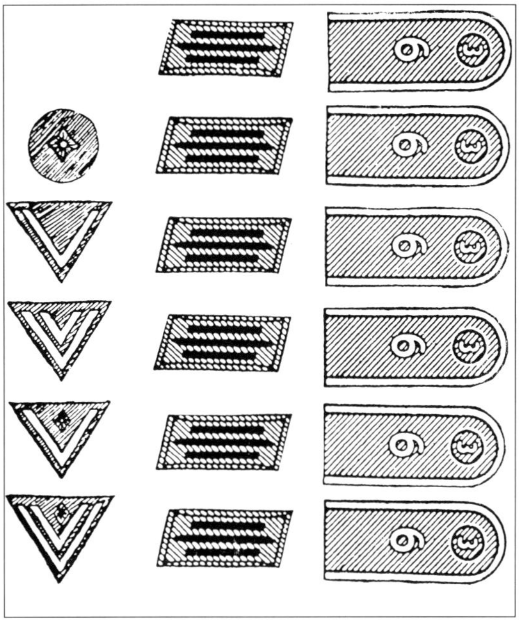

Die untergordneten Ränge des deutschen Heeres trugen ihre Rangabzeichen am linken Ärmel des Waffenrocks. Die Ränge vom Obergefreiten bis zum Generalfeldmarschall trugen sie an den Schulterstücken ihres Waffenrocks. Höhere Offiziere vom Rang eines Generals aufwärts trugen daneben noch ein stilisiertes Blatt an jeder Kragennaht.
Schütze: kein Winkel
Oberschütze: eine matte Silberraute
Gefreiter: ein matter Silberwinkel
Obergefreiter mit weniger als sechs Jahren Dienstzeit: zwei matte Silberwinkel
Obergefreiter mit mehr als sechs Dienstjahren: ein matter Silberwinkel und eine Raute
Stabsgefreiter: zwei matte Silberwinkel und eine Raute.

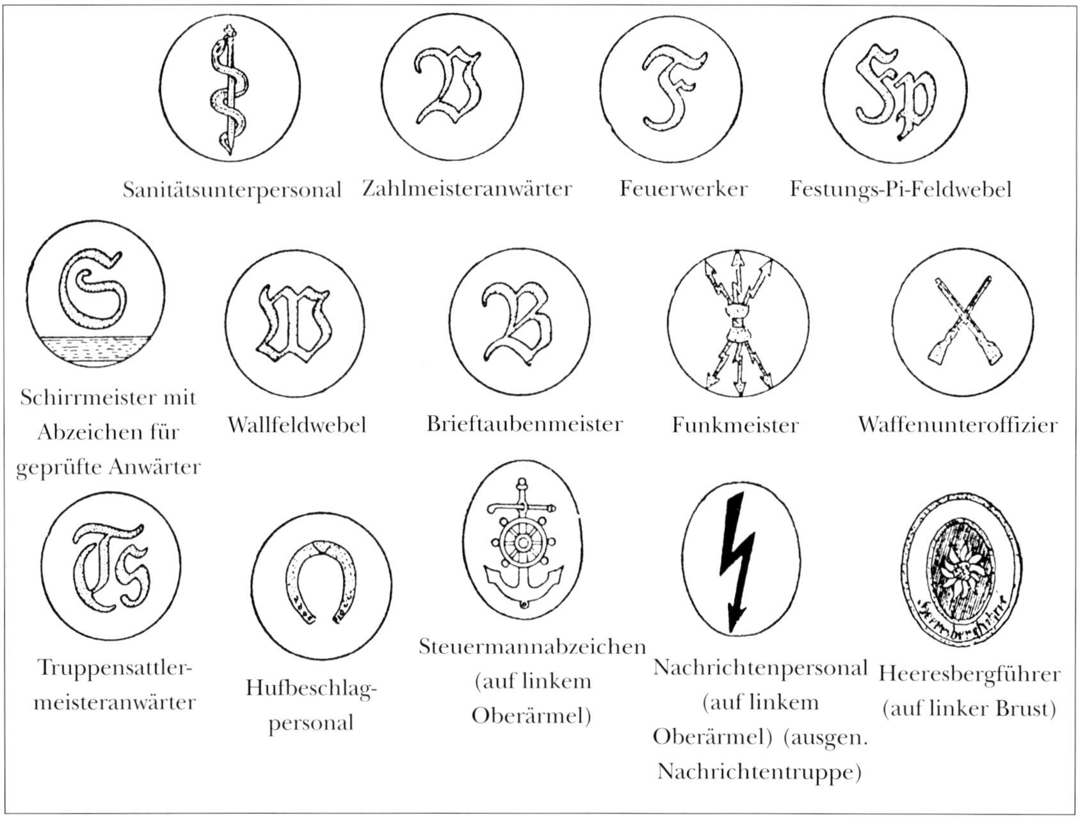

Funktionsabzeichen wurden vor allem am Ärmel getragen. Hier sieht man einige, die häufig verwendet wurden.

getragen. Solche Stücke waren mit Zwirn- oder Seidenfaden bestickt, manchmal auch mit Silberdraht. Die häufigsten Beispiele dafür waren der Stab mit Schlange für das Sanitäts-Personal, der Blitz für die Melder, das Rad für die Transport-Mannschaften und das Zahnrad für die Panzer-Mechaniker.

Oberhalb der Ebene des einzelnen Soldaten, auf der Ebene des Truppenteils, gab es noch Abzeichen für Tüchtigkeit in der Truppe. Diese erhielten vor allem die Jäger, etwa das Gebirgsjäger-Edelweiß-Abzeichen, das am rechten Oberarm getragen wurde und ihre Qualifikation als Gebirgsjäger anzeigte. Es wurde ergänzt durch ein Metalledelweiß an der linken Seite der Feldmütze.

Ein weiteres Abzeichen bestand im Ski-Jäger-Abzeichen, das am Arm getragen wurde. Es zeigte das Eichenlaub der Jäger und darüber einen einzelnen Ski.

Das Bergführer-Abzeichen, das Gebirgsjäger für besondere Leistungen erhielten, war aus emailliertem Metall und wurde an der linken Brusttasche getragen.

Wie bereits erwähnt, hatten Unteroffiziere, die die Fahne ihrer Einheit trugen, in dieser Funktion ein Armabzeichen, und eines aus Tuch wurde auch von den Mitgliedern der Feldgendarmerie am linken Oberarm getragen.

Besondere Kordeln wurden von den Mannschaften getragen, um Scharfschützen auszuzeichnen. Diese Silberkordeln waren mit einem Knoten an der rechten Schulter

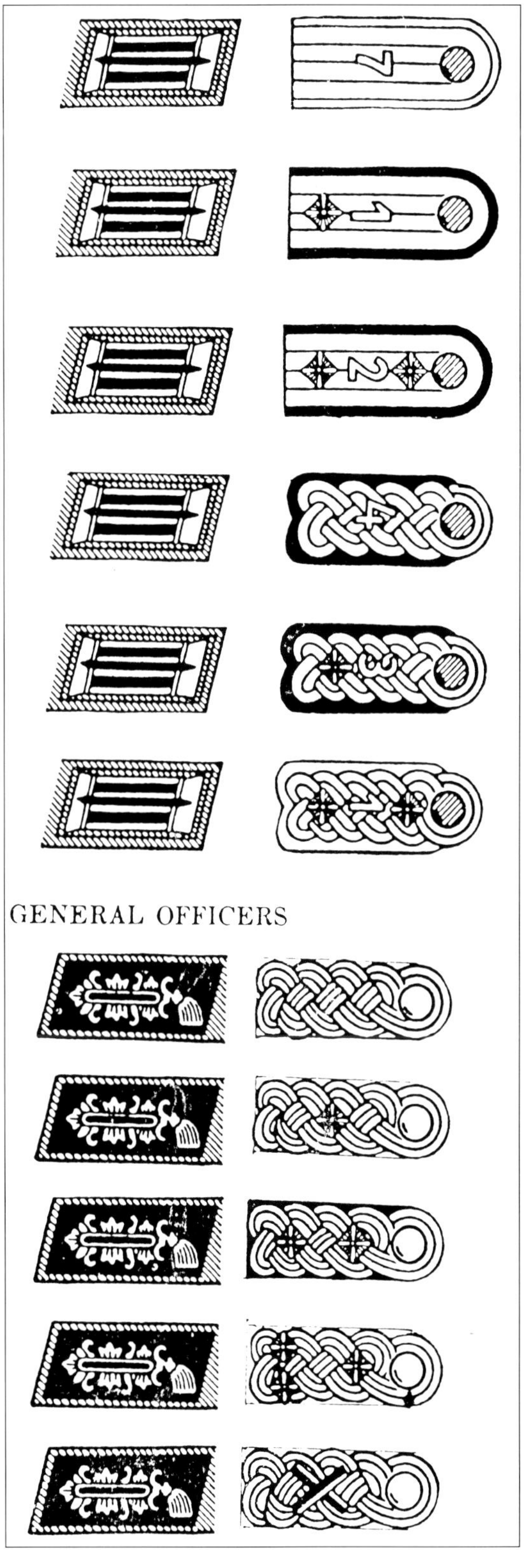

Mannschaftsoffiziers-Abzeichen:
Leutnant: unterster Offiziers-Rang. Keine Sterne am Schulterstreifen.
Oberleutnant: ein Goldstern am Schulterstreifen.
Hauptmann (Rittmeister in der Kavallerie): zwei Goldsterne am Schulterstreifen.

Abzeichen der Stabsoffiziere:
Major: kein Stern am Schulterstreifen.
Oberstleutnant: ein Goldstern am Schulterstreifen.
Oberst: zwei Goldsterne am Schulterstreifen.

Abzeichen der Offiziere im Generalsrang:
Generalmajor: kein Stern am Schulterstreifen.
Generalleutnant: ein Silberstern.
General der Infanterie usw.: zwei Silbersterne.
Generaloberst: drei Silbersterne.
Generalfeldmarschall: zwei gekreuzte Marschallstäbe.

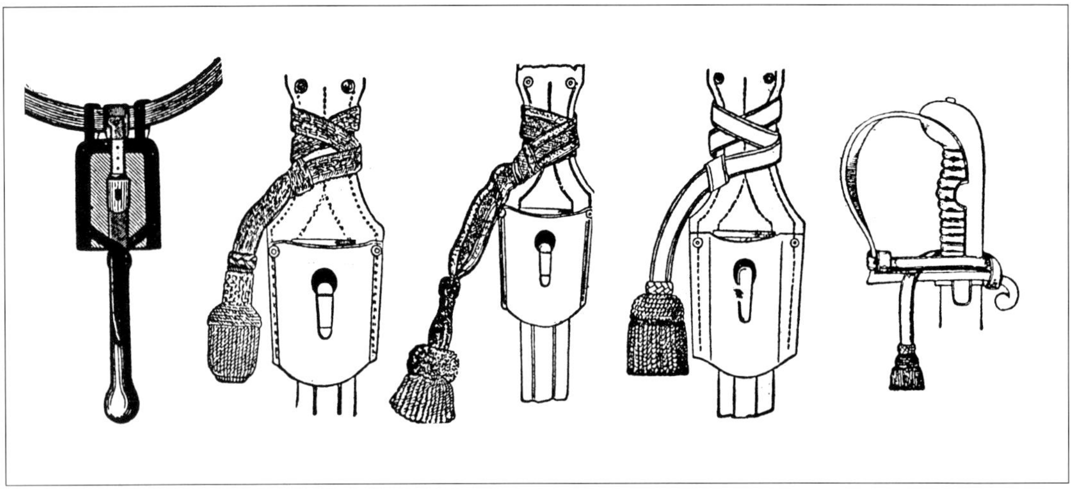

Von links nach rechts: Befestigung des Grabwerkzeugs am Gürtel; drei Arten für die verschiedenen Unteroffiziersränge, die Bajonettschleife zu binden; die Art, die Säbelschlaufe zu binden.

befestigt, liefen quer über die Brust und wurden von einem zweiten Knopf innerhalb der Jacke gehalten. Sie trugen ein versilbertes Abzeichen mit einem Adler. Größere Tüchtigkeit von Scharfschützen wurde in der Infanterie durch zusätzliche, an der Kordel hängende Eicheln ausgezeichnet. Bei den Panzer-Truppen zeigte die Plakette keinen Adler, sondern einen Panzer, und die verschiedenen Tüchtigkeitsgrade bei Panzer- und Artillerie-Soldaten wurden durch Miniaturgranaten anstelle der Eicheln gekennzeichnet.

Alle Offiziere trugen an der Gala-Uniform Aiguiletten (Achselschnüre), ebenso an der Ausgeh-Uniform und bei feierlichen Anlässen. Bei Offizieren unterhalb des Generalsrangs waren diese aus geflochtener Silberschnur, bei Generälen aus vergoldeter. Die Parade-Aiguilette wurde von der rechten Schulter ausgehend getragen, sie lief über die rechte Brust. Gehalten wurde sie unter der rechten Schulterklappe durch einen kleinen Knopf und am anderen Ende vom zweiten oder dritten Knopf des Waffenrocks.

Die von *aides de camps* als Zeichen ihrer Stellung getragene Aiguilette war einfacher, sie bestand aus einer matten Silberschnur und wurde zur Jacke wie auch zum Mantel getragen.

Ein weiteres Bespiel für Farben beim deutschen Heer waren die Seitenwaffen-Schleifen, die in Friedenszeiten getragen, im Krieg aber – außer bei den in der Heimat Stationierten – weggelassen wurden. Es handelte sich dabei um Troddeln, Faustriemen oder Portopées. Die Troddel wurde von den Soldaten der Infanterie und Artillerie, von Pionieren und Meldern getragen. Panzerjäger-Einheiten, Kavallerie- und Schützen-Regimenter hatten den Faustriemen.

Die Troddel bestand aus einem Halteriemen aus schwarzem Tuch, einer farbigen Spange in der Kompaniefarbe, einem Schaft in der Bataillonsfarbe, dem Schopf ebenfalls in der Kompaniefarbe und einer Quaste, deren Farbe mit dem Riemen übereinstimmte. Der Faustriemen unterschied sich von der Troddel dadurch, daß der Riemen feldgrau war und die Spange die Bataillonsfarbe, der Schopf die Schwadronsfarbe trug, während die Quaste grau oder grün war.

Es gab spezielle Muster für die Bajonettschlaufen oder Portopées für die Unteroffiziere und solche für die Ränge oberhalb des Fähnrichs. Das Portopée am Offiziersdolch war silbern, während das des Standardbajonetts oder -säbels der Unteroffiziere feldgrau war.

Eine der auffälligsten Arten von Schmuck am Waffenrock waren die Armbinden mit Bezeichung. Sie wurden entweder zur Identifikation der Einheit oder anstelle eines Ehrenzeichens im Feldzug verliehen. Von der ersten Gruppe waren die von den SS-Formationen getragenen die verbreitetsten. Von den zweiten ist das für Afrika am bekanntesten. Es wurde autorisiert am 18. Juli 1941, zeigte die Wörter „AFRIKA KORPS" in silbernen Blockbuchstaben auf dunkelgrünem Tuch und war von einem dünnen Silberstreifen umrahmt. Das Band wurde am rechten Ärmel getragen. Die spätere Variante am linken trug nur das Wort „AFRIKA" zwischen zwei Palmen und war billiger, da silbergraues Garn die Silberstickerei des Originals ersetzte. Beide Armbinden durften nebeneinander getragen werden.

Die 3 cm breite Armbinde „KRETA" wurde an all jene ausgegeben, die im Feldzug von 1941 auf Kreta gekämpft hatten. Sie trug das Wort Kreta aus gelben Fäden auf weißem Grund zwischen zwei Akanthusblättern aus gelbem Baumwollgarn.

Die Armbinde „KURLAND" diente zum Gedenken an die Schlachten in diesem Gebiet Lettlands. Im März 1945, wenige Wochen vor Kriegsende eingeführt, war sie die letzte im Krieg ausgegebene Armbinde. Getragen wurde sie am linken Ärmel. Die Armbinde „METZ – 1944" bezog sich auf die Verteidigung dieser Stadt von Juli bis September 1944. Sie wurde am linken Ärmel getragen.

Auch die Formationen des Regiments „Großdeutschland" wurden mit Armbinden für Heereseinheiten belohnt. Die Armbinde des Regiments war aus schwarzem Tuch mit dem Namen in silbernen gotischen Buchstaben, eingerahmt von Silberfäden. Eine spätere Version hatte einen dunkelgrünen Grund. Beide Bänder wurden am rechten Arm getragen.

Weitere Armbinden gab es für das „Brandenburg"-Regiment (später eine Division), die Verbände der „Feldherrnhalle", für das „List"-Infanterie-Regiment und für das „Feldmarschall von Mackensen"-Regiment. Das Personal von Hitlers HQ trug eine Binde aus schwarzem Tuch, bestickt in Gold mit „FÜHRERHAUPTQUARTIER" in gotischen Buchstaben und mit Goldrand. Andere Bänder wurden an kleinere Einheiten wie Unteroffiziersschulen, den Feldpostdienst, die Heeres-Propaganda-Einheiten und die Filmabteilung ausgegeben.

Kapitel vierzehn

Persönliche Ausrüstung, Ausweisdokumente und die Frage der Ehre

Persönliche Ausrüstung

Die Grundausrüstung der deutschen Soldaten im Zweiten Weltkrieg war aus Leder, dessen Glanz sich bald schwarz verfärbte. Der Hüftgürtel wurde mit einer quadratischen Metallschnalle geschlossen. Darauf war der Wehrmachtsadler innerhalb eines Kranzes von Eichenlaub eingeprägt. Über dem Kranz stand „Gott mit uns".

Der Gürtel trug alle anderen Ausrüstungsgegenstände des Soldaten, vor allem die sechs Munitionstaschen, deren jede zwei Ladestreifen mit fünf Schuß Gewehrmunition enthielt. Beiderseits der Schnalle saßen drei Taschen. Sie hatten an der Rückseite eine Schlaufe, durch die der Gürtel lief.

Als die Maschinenpistolen weitere Verbreitung fanden, ersetzten Taschen mit sechs Magazinen für Maschinenpistolen die Taschen für Gewehrmunition. Auch von diesen Taschen gab es drei auf jeder Seite der Gürtelschnalle. Jede enthielt ein Magazin (37 Schuß) mit 9-mm-Munition. Die Taschen für Gewehrmunition waren aus Leder, die für Maschinenpistolenmunition aus olivgrünem Segeltuch.

An der linken Hüfte trug der Soldat eine Bajonettasche aus Leder. Darin war eine schwarze Metallscheide, die das kurze 84/98-Bajonett umschloß, das einen Bakelitgriff besaß. Ebenfalls an der linken Hüfte befand sich das Grabwerkzeug, auch der „kleine Spaten" genannt, mit flachem Blatt und kurzem Stiel in einem Segeltuchträger. Eine Vorschrift legte zwingend fest, daß beim aktiven Einsatz Spaten und Bajonett verbunden sein mußten, damit sie nicht zusammenstießen und unnötigen Lärm verursachten.

An der rechten Hüfte hing der Brotbeutel. Dieser enthielt die Waschausrüstung, Messer, Gabel, Löffel und daneben die Tagesration des Soldaten. Auch die Feldflasche und der Trinkbecher hingen am Gürtel. Die Feldflasche faßte einen Liter und war aus mit Filz überzogenem Aluminium, damit sie nicht glänzte und spiegelte. Der Trinkbecher war über die Öffnung der Feldflasche gestülpt und wurde von einem Riemen festgehalten.

Das Kochgeschirr war ebenfalls aus Aluminium und bestand aus einem tiefen Behälter mit Deckel, der als Bratpfanne oder als Teller benutzt werden konnte. Auch das Kochgeschirr wurde durch einen Riemen zusammengehalten. Es wurde entweder am kleinen Sturmgepäck befestigt oder an der

Diese Fotografien zeigen zwei Ansichten der Lederausrüstung der deutschen Soldaten. Links sieht man einen Unteroffizier, der die zwei verstellbaren, vorderen Riemen, die am Hüftgürtel befestigt sind, trägt. Rechts kann man die hintere Traghilfe aus zwei Lederriemen sehen, mit zwei Tragringen für den Rucksack, einem großem Stützhaken, der Feldflasche an der linken Seite des Gürtels und dem Brotbeutel an der rechten.

linken Hüfte getragen. Das Sturmgepäck bestand aus mehreren Ausrüstungsgegenständen, die der Soldat beim Kämpfen oder in der Phase unmittelbar danach brauchen würde.

Am Hüftgürtel konnte auch das Koppelgestell angebracht werden, das den Gürtel, die Munitionstaschen, den Brotbeutel und die Feldflasche stützte.

Das Feldgestell be-stand aus einem Paar Riemen vorn am Körper, die über die Schultern liefen, hinten in einen Ring zusammengeführt wurden und dann einen Gurt bildeten. In Höhe der Schultern der vorderen Riemen befanden sich zwei D-förmige Ringe, an denen verschiedene Ausrüstungsgegenstände angebracht werden konnten. Vorn waren die vorderen Gurte an

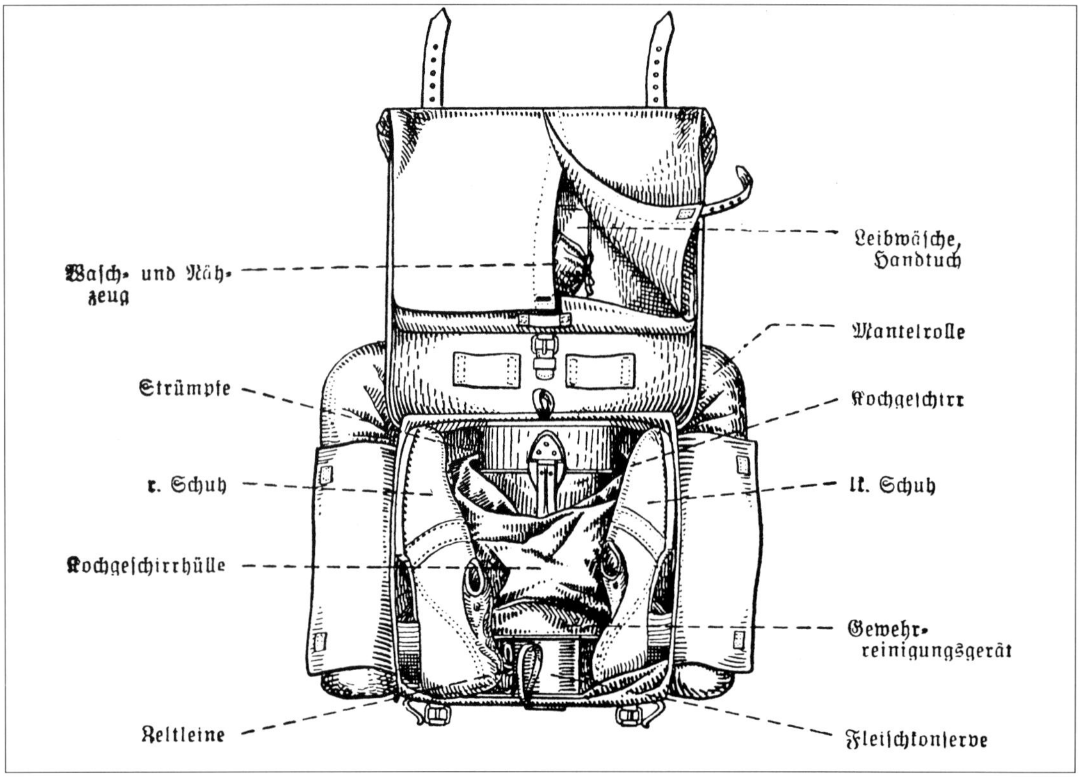

Diese Zeichnung zeigt die Art, in der der Rucksack gepackt wurde. Man sieht oben das Fach für Wasch- und Nähzeug. Die untere Hälfte enthielt getragene Strümpfe, Kochgeschirr, Schuhe, Gewehrreiniger, Fleischkonserven und eine Zeltleine. Der Mantel wurde zusammengerollt außen herumgelegt.

Die Zeltbahn war ein wasserdichtes Kleidungsstück für vielfältigen Gebrauch. Sie konnte als Überzieher bei Regen dienen. Auch ein einfaches Zweimannzelt konnte man damit errichten, oder aus mehreren Zeltbahnen ein Zelt, in dem mehrere Soldaten Platz fanden.

Aus der Zeltbahn konnte man ein Zelt, groß genug für acht Soldaten, errichten, wie man hier sieht. Das Bild hat eine interessante Geschichte. Der Film fand sich in der Kamera eines im Kampf auf Kreta 1941 getöteten deutschen Soldaten. Der neuseeländische Soldat, der die Kamera fand, ließ den Film entwikkeln. Das Foto zeigt Fallschirmjäger in Südgriechenland, die sich für den Einsatz auf Kreta vorbereiten.

den D-Ringen auf der Rückseite der Munitionstaschen festgeschnallt, während der hintere Einzelgurt mit einem Haken am Hüftgürtel befestigt war.

Neben der Grundausrüstung wurden ein Rucksack aus grünem Segeltuch und ein quadratischer Tornister aus Rindsleder ausgegeben. Beide Behälter wurden an den D-Ringen der Schultergurte befestigt. Der Rucksack oder Tornister enthielt Ersatzkleidung und zwei Zeltpflöcke zur Errichtung eines Segeltuchdachs oder eines Zweimannzeltes. Die Tarn-Zeltbahn diente auch als wasserdichter Umhang bei Schlechtwetter.

Eine Gasmaske und eine Tragbüchse wurden an einem Riemen an der linken Hüfte getragen.

Für die Tropen gab es Versionen der Lederausrüstung aus grünem Segeltuch.

AUSWEISDOKUMENTE

Das wichtigere der beiden Dokumente war die Identifikationsmarke. Sie war oval und 5 cm lang. Sie war aus Zink, perforiert, und in beide Hälften waren die Daten des Trägers eingeprägt, etwa der Name und die Feldpostnummer, die seine Stamm- oder Ersatzeinheit angaben. Manchmal gab sie auch Auskunft über die Religion des Soldaten.

Wurde ein Soldat getötet, so wurde die Identifikationsmarke entlang der Perforierung abgeknickt, und die freie Hälfte wurde an die Dokumentationsstelle des Heeres geschickt. Die andere Hälfte verblieb an der Schnur um den Hals des Soldaten und wurde mit ihm begraben.

Das zweite Identifikationsdokument war das Soldbuch: eine Aufzeichnung der Militärtätigkeiten des Soldaten, der Kurse, die er

Ein Unteroffizier der SS-"Leibstandarte Adolf Hitler" in Paradeuniform. Beachten sie die Gürtelschnalle, die Armbinde und die Art, in der die Säbelschleife gebunden ist. Der Winkel am rechten Arm war kein Rangabzeichen, sondern zeigte, daß er ein langdienendes Mitglied der SS war.

durchlaufen hatte, seiner Auszeichnungen und der Impfungen, die er erhalten hatte. Auf der inneren Frontseite des Soldbuches befand sich ein Foto des Soldaten, seine Unterschrift und seine Dienstnummer.

Die SS hatte ein zusätzliches Identifikationsmittel. Da der Unterarm auch bei schweren Verletzungen meist unversehrt blieb, ordneten die Leiter der SS an, daß ihre Soldaten dort tätowiert werden sollten. Die Tätowierung gab die Blutgruppe des Soldaten an, oft auch die Dienstnummer. Diese Praxis wurde abgeschafft, als der Dienst in der Waffen-SS nicht mehr auf freiwilliger Anwerbung beruhte. Ausländische Mitglieder der Waffen-SS wurden nicht tätowiert.

DIE FRAGE DER EHRE

Kapitel zehn beschrieb die Gürtelschnalle der Mannschaften des Heeres. Da unser Buch aber auch Fallschirmjäger und die Waffen-SS behandelt, müssen deren Schnallenmuster ebenfalls erwähnt werden.

Die Schnalle der Fallschirmjäger zeigte einen ovalen Kranz mit einem fliegenden Adler darin. Sie hatte keine Aufschrift. In die der Waffen-SS war der Adler der Nazipartei eingeprägt. Seine ausgestreckten Flügel reichten über einen Kranz, der die Inschrift „Meine Ehre heißt Treue" trug.

Die Ehre war eine Sache, die bei den deutschen Streitkräften nicht leichtgenommen wurde. Während der Jahre des Dritten Reichs war die Parade, bei der der Rekrut seinen Treueeid ablegte, eine ebenso ernste Angelegenheit, wie sie es im Kaiserreich gewesen war. In der Weimarer Republik hatte der Eid seine fast religiöse Bedeutung verloren, doch während der Regierung der Nazipartei wurde die Betonung von Treue und Ehre wiederhergestellt und sogar verstärkt. Der Eid, den die Rekruten während der Jahre Hitlers schworen, lautete:

> Ich schwöre bei Gott diesen heiligen Eid: Ich werde Adolf Hitler, dem Führer des Reichs und Oberbefehlshaber der Streitkräfte, bedingungslosen Gehorsam leisten und allzeit bereit sein, als tapferer Soldat mein Leben für diesen Eid hinzugeben.

Rekruten einer Gebirgsjäger-Einheit leisten den Treueeid auf die Regimentsfahne.

Rekruten eines Infanterie-Regiments leisten den Treueeid. Die Tribüne ist mit der Reichskriegsflagge geschmückt.

Deutsche Auszeichnungen. Oben (von links nach rechts): Eisernes Kreuz Erster Klasse des Großen Kriegs (die Zweite Klasse des Großen Kriegs hing an einem schwarzweißen Band); Pour le mérite; der Heeresverdienstorden. 2. Reihe: Verwundetenabzeichen des Ersten Weltkriegs (in Schwarz bei der ersten oder zweiten Verwundung, in Silber bei der dritten und vierten und in Gold ab der fünften); Goldenes Parteiabzeichen der NSDAP; Blutorden zum Gedenken an den gescheiterten Putsch vom 9. November 1923.
3. Reihe: Abzeichen für Langdienende (Erster Klasse in Gold für 25 Jahre Dienst; in Silber für 18 Jahre); Dienstmedaillen für 12 Jahre Dienst (in Bronze und mattem Silber für 4 Jahre); Ehrenkreuz für Frontsoldaten (bei denen, die nicht an der Front dienten, fehlten die Schwerter). Untere Reihe: Medaille für den Anschluß Österreichs; Medaille für die Besetzung der Tschechoslowakei (mit einem Band für die Teilnahme an der Besetzung Böhmens und Mährens); Ehrenkreuz für die Teilnahme am Bürgerkrieg in Spanien.

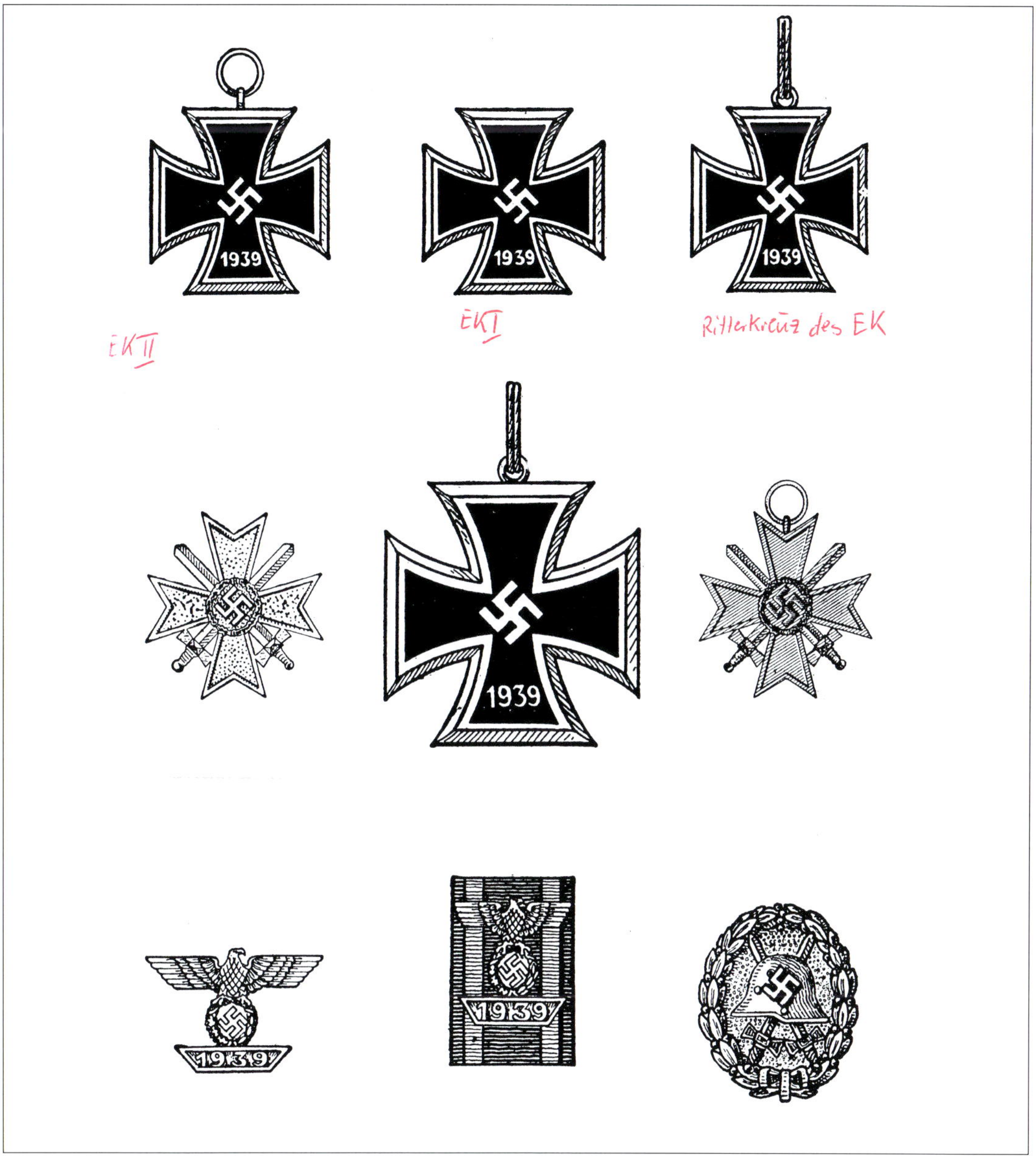

Orden und Medaillen der deutschen Truppen im Zweiten Weltkrieg: Oben (von links nach rechts): Eisernes Kreuz Zweiter Klasse; Eisernes Kreuz Erster Klasse; Ritterkreuz des Eisernen Kreuzes. Zweite Reihe: Kriegsverdienstkreuz mit Schwertern, Erste Klasse (das Kreuz war silbern gefärbt); ohne Schwerter wurde es für Verdienste nicht im Kampf verliehen; Großkreuz des Eisernen Kreuzes (an Hermann Göring verliehen); Kriegsverdienstkreuz mit Schwertern, Zweite Klasse (in Bronze). Unten: Spange zum Eisernen Kreuz Erster Klasse vom Ersten Weltkrieg; Band zum Eisernen Kreuz Zweiter Klasse vom Ersten Weltkrieg; Verwundetenabzeichen.

Das Kriegsverdienstkreuz wurde an jene Soldaten und Zivilisten verliehen, für die das Eiserne Kreuz nicht in Frage kam. Im Heer erhielten es meist nichtkämpfende Einheiten im Hinterland.

von Zivilpersonen fehlfe. Er führte deshalb am 18. Oktober 1939 das Kriegsverdienstkreuz ein. Es konnte für außergewöhnliche Leistungen im Angesicht des Feindes mit Schwertern ausgestattet sein oder wurde ohne Schwerter für Kriegsverdienste, die nicht auf dem Schlachtfeld, sondern etwa bei der Arbeit in einer Rüstungsfabrik geleistet wurden, verliehen.

Das Kriegsverdienstkreuz hatte die Form des Malteserkreuzes, und es gab von ihm drei Klassen. Die bronzene Zweite Klasse hing an einem Band, das wie das Band des Eisernen Kreuz Zweiter Klasse getragen wurde. Das Kriegsverdienstkreuz Erster Klasse war in Silber und wurde an die linke Brusttasche geheftet. Es hatte kein Band. Das Ritterkreuz, eine größere Version des Eisernen Kreuzes Erster Klasse, wurde an einem breiten Band um den Hals getragen.

Die Vorderseite der Ersten und Zweiten Klasse trug das Datum „1939", umgeben von einem Lorbeerkranz. Die Rückseite war leer. Die „mit Schwertern" verliehenen Kreuze hatten zwei gekreuzte Schwerter, deren Spitzen oben seitlich des oberen Kreuzbalkens erschienen. Das Band der Zweiten Klasse und des Ritterkreuzes trug die deutschen Nationalfarben, wobei der schwarze Mittelteil doppelt so breit war wie der rote und der weiße Streifen.

Am 19. August 1940 wurde eine Kriegsverdienstmedaille eingeführt. Sie war aus Bronze und wurde an einem rot-schwarz-weißen Band getragen. Das Schwarz war durch einen dünnen, roten Streifen zweigeteilt. Die Vorderseite der Medaille zeigte das Kriegsverdienstkreuz, die Rückseite trug die Worte „Für Kriegsverdienste" und das Datum „1939".

DAS DEUTSCHE KREUZ

Hitler führte es am 28. September 1941 als Belohnung für den Kriegsdienst ein. Es wurde in zwei Klassen verliehen: in Gold für mehrfaches tapferes Verhalten vor dem Feind und in Silber für wiederholte außerordentliche Leistungen bei der Führung der Truppe.

Das Deutsche Kreuz wurde an der rechten Brust getragen und bestand aus einem achtzackigen Stern in Schwarz und Silber mit der Jahreszahl „1941", der von einem Lorbeerkranz in Gold oder Silber umgeben war, je nach der Klasse. Das Deutsche Goldkreuz trug ein Eisernes Kreuz inmitten eines Goldkranzes, die silberne Auszeichnung ein Kriegsverdienstkreuz mit Schwertern.

DIE OSTFRONTMEDAILLE ODER „MEDAILLE WINTERSCHLACHT IM OSTEN 1941–42"

Dies war eine der wenigen Medaillen, die zum Gedenken an eine Schlacht ausgegeben wurden. Eine andere war die „Erinnerungsmedaille für den italienisch-deutschen Feldzug in

Die Medaillen, Ehrenzeichen und Auszeichnungen des Fallschirmjägers Adi Strauch. Von oben nach unten: in der Schachtel das Luftwaffe-Fallschirmjäger-Eignungsabzeichen; in der Mitte das Eiserne Kreuz Zweiter Klasse und darunter das Deutsche Kreuz in Gold; rechts in der weißgefütterten Schachtel das Eiserne Kreuz Erster Klasse. Die oberste Armbinde ist die der „Feldherrnhalle"-Division, in der Strauch kurze Zeit diente. darunter die „Kreta"-Armbinde für den Dienst im Feldzug um Kreta. Die andere Armbinde ist die der Einheit, in Strauchs Fall die des 2. Fallschirmjäger-Regiments. Das Silberabzeichen links (gekreuztes Bajonett und Granate) ist das allgemeine Sturm-Abzeichen; in der Mitte sieht man die Nahkampf-Auszeichnung und dann das Abzeichen, das die Luftwaffe den Männern, die an Bodenkämpfen teilnahmen, verlieh. Die unterste Reihe zeigt von links nach rechts das Verwundeten-Abzeichen in Schwarz, das Paar von Schulterklappen, die Strauchs Rang als Unteroffizier auswiesen. Die silberweiße Schnur unter dem Stern der Achselklappe zeigt, daß er Fähnrich war, und tatsächlich bekam er sein Patent Ende 1944. Das rote Band ganz außen trug die Ehrenmedaille für den Dienst an der Ostfront 1941. Ganz unten sieht man das Naziparteiabzeichen.

Afrika". Diese wurde nicht mehr getragen, seit Italien die Achse verließ und kapitulierte.

Die Ostfrontmedaille wurde von Hitler am 26. Mai 1942 eingeführt und an alle verliehen, die im ersten Winterfeldzug 1941/1942 an der Ostfront gekämpft hatten. Das betraf zunächst den Zeitraum vom 15. November 1941 bis zum 15. April 1942, doch dieser Zeitrahmen wurde später erweitert. Die Verleihung der Medaille wurde erst am 4. September 1944 eingestellt, die letzten wurden am 15. Oktober ausgegeben.

Die Operationsgebiete, für die die Medaille verliehen werden konnte, waren auf den Osten der Ukraine und östlich der russisch-finnischen Grenze von 1940 beschränkt. Um sie zu erlangen, mußte der Empfänger mindestens zwei Wochen lang gekämpft haben oder verwundet worden sein. Verleihungen wurden auch posthum an Soldaten, die getötet worden waren oder als vermißt geführt wurden, vorgenommen.

Die kreisförmige Medaille trug oben einen Miniatur-Stahlhelm deutschen Musters und über ihm einen Ring, der das Medaillenband hielt. Dessen Hauptfarbe war Rot mit drei dünnen Streifen, zwei weißen und in der Mitte einem schwarzen. Wenn nicht anders festgelegt, wurde die Medaille entweder am Band durchs zweite Knopfloch des Waffenrocks – wie das Eiserne Kreuz Zweiter Klasse – oder an einer Spange an der linken Brust getragen.

Ungewöhnlich an der Ostfrontmedaille war, daß sie über der Kriegsverdienstmedaille stand, obwohl sie nur eine Auszeichnung für eine einzige Schlacht war.

ARMBINDEN UND TITEL

Eine der auffälligsten Arten von Auszeichnung waren die Armbinden mit Aufschriften, die entweder die Einheit des Trägers nannten oder seinen Einsatz in einem Feldzug anzeigten. Die ersteren waren bei den Waffen-SS-Formationen verbreitet. Am bekanntesten unter den zweiten waren jene für Afrika und für Griechenland.

AFRIKA

Dieses am 18. Juli 1941 genehmigte Band trug die Wörter „AFRIKA KORPS" in silbernen Blockbuchstaben auf dunkelgrünem Tuch und war mit einem dünnen Silberstreifen gesäumt. Man trug es am rechten Arm, eine spätere Version am linken. Letztere enthielt nur das Wort „AFRIKA" zwischen zwei Palmen aus silbergrauem Baumwollgarn. Beide Bänder durften nebeneinander getragen werden.

KRETA

Die 3 cm breite Armbinde „KRETA" wurde an alle ausgegeben, die im Feldzug von 1941 auf Kreta gekämpft hatten. Sie trug das Wort „KRETA" aus gelbem Garn auf weißem Tuchhintergrund zwischen zwei Akanthusblättern aus gelbem Garn.

Eine weitere Armbinde war „KURLAND" zum Gedenken an die Schlachten in diesem Gebiet Lettlands. Diese Binde war die letzte, die genehmigt wurde. Sie wurde im März 1945 eingeführt, wenige Wochen vor Kriegsende. Getragen wurde sie am linken Ärmel.

Die Armbinde „METZ 1944" bezog sich auf die Verteidigung dieser Stadt von Juli bis September 1944. Sie wurde am linken Ärmel getragen.

Auch die „Großdeutschland"-Einheiten hatten Armbinden. Sie bestanden aus schwarzem Tuch mit der Aufschrift „GROSSDEUTSCHLAND", eingerahmt mit Silbergarn. Eine spätere Version hatte einen dunkelgrünen Hintergrund. Beide Bänder wurden am rechten Arm getragen.

Weitere Armbinden mit Titel gab es für das „Brandenburg"-Regiment (das später zur Division ausgebaut wurde), die Verbände der „Feldherrnhalle", für das „List"-Infanterie-Regiment und für das „Feldmarschall von Mackensen"-Regiment.

Das Personal von Hitlers Hauptquartier trug eine Binde aus schwarzem Tuch, bestickt in Gold mit „FÜHRERHAUPTQUARTIER" in gotischen Buchstaben und mit Goldrand. Weitere Bänder wurden an kleinere Einheiten wie Unteroffiziers-Schulen, den Feldpostdienst und die Heeres-Propaganda-Einheiten ausgegeben.

ARMSCHILDER

Zu den eher unüblichen Kampfabzeichen zählten die Armschilder. Sie wurden am linken Oberarm getragen, entweder mit oder ohne Tuchhintergrund. Man konnte mehr als ein solches Schild erhalten. Das zuerst verliehene wurde oberhalb der anderen getragen.

In zeitlicher Reihenfolge wurden Schilder für folgende Schlachten verliehen:

NARVIK

Dieses wurde am 19. August 1940 zum Gedenken an die Einnahme des norwegischen Hafens eingeführt und an alle Mitglieder der Streitkräfte verliehen, die an den Kämpfen zwischen dem 9. April und dem 9. Juni teilgenommen hatten.

Die Auszeichnung war aus grauem Metall auf grauem Hintergrund.

CHOLM

Zwischen dem 21. Januar und dem 5. Mai verteidigte eine deutsche Garnison von etwa 5.000 Mann die kleine Stadt Cholm am Fluß Lowat, etwa 85 km nördlich von Welikije Luki in der Kalinin-Region Rußlands.

Das Schild wurde am 1. Juli 1942 genehmigt und an die Soldaten, die bei den eingeschlossenen Kräften gekämpft hatten, und an die Flugzeugmannschaften, die auf dem kleinen Behelfslandeplatz gelandet waren, um die Garnison zu unterstützen, vergeben.

Das Schild war aus weißem Metall ohne Tuchhintergrund.

KRIM

Eingeführt am 25. Juli 1942 und verliehen an alle Mitglieder der Streitkräfte, die an den Kämpfen vom 21. September 1941 bis zum 4. Juli 1942 beteiligt gewesen waren.

Das bronzefarbene Schild war an einem Tuchhintergrund angebracht.

DEMJANSK

Eingeführt am 25. April 1943 für alle, die an der vierzehnmonatigen Belagerung von Demjansk, einer Kleinstadt zwischen Nowgorod und Welikije Luki, teilgenommen hatten.

Es war aus weißem Metall ohne Tuchhintergrund.

KUBAN

Eingeführt am 20. September 1943 für alle Verteidiger des Kuban-Brückenkopf vom 1. Februar 1943.

Ein Bronzeschild mit Tuchhintergrund.

Etliche geplante Schilder wurden nicht offiziell hergestellt:

WARSCHAU

Dieses sollte an die Rolle der Soldaten und des nichtmilitärischen Personals bei den Kämpfen vom 1. August bis zum 2. Oktober 1944 erinnern, doch ein Luftangriff zerstörte die Prägeformen für die Schilder, und so wurden keine erzeugt und ausgegeben.

LORIENT

Die Garnison der U-Boot-Basis bei Lorient hielt bis zum Kriegsende durch. Zum Gedenken an ihren Widerstand erzeugte sie ihr eigenes Schild. Etliche Muster existieren, aus weißem Metall, Kupfer, Aluminium und sogar aus Tuch, als die Metallbestände erschöpft waren.

LAPPLAND

Diese Auszeichnung wurde im März 1945 eingeführt, so spät, daß nur noch wenige Exemplare an die Mitglieder der 20. (Gebirgs-)Armee ausgegeben wurden. Erstaunlicherweise wurde das Schild sogar noch nach Kriegsende erzeugt und verliehen.

TAPFERKEITSABZEICHEN

INFANTERIE-STURMABZEICHEN

Dieses ovale, weiße Metallabzeichen wurde am 20. Dezember 1939 eingeführt. Ursprünglich war es nur für den Infanterie- und den Gebirgs-Infanterie-Truppenteil bestimmt, später zählte dazu auch das bronzene Abzeichen für die motorisierte Infanterie.

Alle Ränge konnten das Abzeichen erhalten, das aus einem Oval von Eichenlaub bestand. Diagonal über dem Kranz lag ein Gewehr mit Bajonett und oben der Wehrmachtsadler, der ein Hakenkreuz hielt.

Um das Abzeichen zu erhalten, mußte der Empfänger an mindestens drei Infanterie-Angriffen oder -gegenangriffen an verschiedenen Tagen teilgenommen haben. Es wurde an der linken Brusttasche getragen.

PANZER-STURMABZEICHEN

Dieses wurde ebenfalls am 20. Dezember 1939 eingeführt. Es galten dieselben Bedingungen: drei Kämpfe an verschiedenen Tagen. Ursprünglich wurde es nur an Panzer-Mannschaften ausgegeben, ab 1. Juni 1940 auch an Panzergrenadiere. Für das Panzer-Personal war es silbern, für Panzergrenadiere bronzen.

1942 gab es eine Änderung im Design des Abzeichens. Die Zahlen „25“, „50“, „75“ oder „100“ wurden hinzugefügt, um die Zahl der Tage anzuzeigen, an denen der Empfänger an Kämpfen beteiligt war.

Das Antlitz des deutschen Soldaten gegen Kriegsende. Dieser Unteroffizier trägt über seiner linken Brusttasche ein Nahkampfabzeichen in Silber und am rechten Ärmel zwei Silberstreifen für die Zerstörung zweier Panzer im Nahkampf.

„25"er- und „50"er-Abzeichen unterschieden sich von den „75"er- und „100"er-Abzeichen. Erstere hatten einen schwarzen Panzer in einem Silberkranz mit einem Silberadler und Hakenkreuz, die zweiten waren größer und hatten einen vergoldeten Panzer in einem Goldkranz. Für Träger außerhalb von Panzer-Mannschaften war das „25"er und „50"er ganz aus Bronze, das „75"er und „100"er aus Bronze mit einem vergoldeten Kranz um die Zahlen.

Das Panzer-Sturmabzeichen wurde an der linken Brusttasche getragen. Es durfte immer nur eines getragen werden.

ALLGEMEINES STURMABZEICHEN

Bei seiner Einführung am 1. Juni 1940 wurde dieses Abzeichen als Pionier-Sturmabzeichen verliehen, später wurde es auf das gesamte kämpfende Personal erweitert, das nicht für das Infanterie- oder Panzer-Abzeichen in Frage kam. Bedingung für die Verleihung war, daß der Empfänger an drei Angriffen an verschiedenen Tagen teilgenommen hatte. Ab Juni 1943 zeigte die Auszeichnung an, an wievielen Angriffen der Träger beteiligt gewesen war, ähnlich wie andere Kampfabzeichen.

Das Abzeichen war aus silberfarbenem Metall und trug die Zahl „25" oder „50" mit einem schwarzen Adler, Bajonett und Granate innerhalb eines Silberkranzes. Bem „75"er und „100"er war der Kranz vergoldet.

Das Abzeichen wurde an der linken Brusttasche getragen.

Vinzenz Kaiser. Er trägt am rechten Ärmel die Abzeichen für die alleinige Zerstörung feindlicher Panzer. Für jeden Panzer gab es ein Abzeichen.

So sah das Ende für über eine Million deutscher Soldaten aus: ein einsames Grab in einem fremden Land. Auf dem Bild erhalten die Toten ein Gemeinschaftsgrab und eine Eskorte ihrer Kameraden.

DIE NAHKAMPFSPANGE

1942 zeigte sich, daß eine Auszeichnung für Infanterie-Soldaten nötig war, die an Handgemengen ohne Panzerunterstützung teilgenommen hatten. Ursprünglich war sie nur für Infanterie-Soldaten gedacht, später konnten sie auch andere Einheiten erhalten. Hitler hielt die Goldene Nahkampfspange für so wichtig, daß er sie persönlich verleihen wollte. Dies tat er erstmals am 27. August.

Die Spangen hatten drei Ränge: Bronze für 15 Tage Nahkampf, Silber für 30 Tage und Gold für 50 Tage.

Die Spange wurde über der linken Brusttasche getragen.

DAS BESONDERE EHRENZEICHEN FÜR ALLEINIGE ZERSTÖRUNG EINES PANZERS

Diese Auszeichnung wurde am 9. März 1942 genehmigt, sie wurde aber auch rückwirkend vergeben, um Kampfhandlungen seit den ersten Tagen der Invasion der Sowjetunion im Juni 1941 zu berücksichtigen. Sie sollte als Belohnung für die alleinige Zerstörung eines feindlichen Panzers dienen. Mitglieder der Mannschaften von Panzerjäger-Kanonen kamen dafür also nicht in Frage.

Das Abzeichen wurde am rechten Oberarm getragen. Es bestand aus steifem Silbertuch, war schwarz gerahmt, und trug in der Mitte das Bild eines sowjetischen T 34-Panzers. Für jeden zerstörten Panzer gab es ein Abzeichen. Hatte man mehrere, so trug man sie übereinander am rechten Arm. Am 18. Dezember 1943 wurde für fünf solcher Siege ein goldenes Panzer-Ärmelabzeichen eingeführt Dieses trug ein goldenes Panzerbild und hatte einen Goldrand.

ANDERE EHRENZEICHEN

Weitere Abzeichen waren das Heeres-Flak-Abzeichen, ein Ballon-Aufklärungs-Abzeichen und ein Ärmelabzeichen ähnlich dem für die alleinige Zerstörung eines Panzers, doch verliehen für den Abschuß von Tieffliegern. Auch für Scharfschützen gab es Abzeichen aus Tuch.

ANHANG I

GEGENÜBERSTELLUNG DER RANGBEZEICHNUNGEN

Deutsches Heer	Waffen-SS
Grenadier, Kanonier usw.	SS Grenadier, etc.
Gefreiter	SS Sturmmann
Obergefreiter	SS Rottenführer
Unteroffizier usw.	SS Unterscharführer
Feldwebel, Oberfeldwebel	SS Oberscharführer
Leutnant	SS Untersturmführer
Oberleutnant	SS Obersturmführer
Hauptmann	SS Hauptsturmführer
Major	SS Sturmbannführer
Oberstleutnant	SS Obersturmbannführer
Oberst	SS Standartenführer
——	SS Oberführer
Generalmajor	SS Brigadeführer
Generalleutnant	SS Gruppenführer
General der Infanterie usw.	SS Obergruppenführer
Generaloberst	SS Obergruppenführer
Generalfeldmarschall	SS Oberstgruppenführer

ANHANG II

DIVISIONEN DER WAFFEN-SS

1. SS-Panzer-Division „Leibstandarte Adolf Hitler“
2. SS-Panzer-Division „Das Reich“
3. SS-Panzer-Division „Totenkopf“
4. SS-Polizei-Panzergrenadier-Division
5. SS-Panzer-Division-“Wiking“

Reichspropagandaminister Joseph Goebbels (1897–1945) mit hochdekorierten Offizieren des deutschen Heeres. Um über die militärischen Entwicklungen auf dem laufenden zu bleiben, lud Goebgels regelmäßig solche Männer ein und diskutierte mit ihnen die Erfolge und Probleme, die sie im Feld hatten.

Oberstgruppenführer Josef „Sepp" Dietrich (1892–1966), Kommandeur von Hitlers SS-Leibstandarte, später der aus ihr hervorgegangenen Division. Dann stieg er weiter auf und befehligte das 1. SS-Panzer-Korps und schließlich die 6. SS-Panzer-Armee. Er wurde als Kriegsverbrecher zu 25 Jahren Haft verurteilt, doch schon 1959 wieder freigelassen.

6. SS-Gebirgs-Division „Nord"
7. SS-Freiwilligen-Gebirgs-Division „Prinz Eugen"
8. SS-Kavallerie-Division „Florian Geyer"
9. SS-Panzer-Division „Hohenstaufen"
10. SS-Panzer-Division „Frundsberg"
11. SS-Freiwilligen-Panzergrenadier-Division „Nordland"
12. SS-Panzer-Division „Hitlerjugend"
13. Waffen-Gebirgs-Division der SS „Handschar"(Kroatischen Nr. 1)
14. Waffen-Grenadier-Division der SS (Galizische Nr. 1)
15. Waffen-Grenadier-Division der SS (Lettische Nr. 1)
16. SS-Panzergrenadier-Division „Reichsführer SS"
17. SS-Panzergrenadier-Division „Götz von Berlichingen"
18. SS-Freiwilligen-Panzergrenadier-Division „Horst Wessel"
19. Waffengrenadier-Division der SS (Lettische Nr. 2)
20. Waffengrenadier-Division der SS (Estnische Nr. 1)
21. Waffen-Gebirgs-Division der SS „Skanderbeg" (Albanische Nr. 1)
22. SS-Freiwilligen-Kavallerie-Division
23. Waffen-Gebirgs-Division der SS „Kama" (Kroatische Nr. 2)

Generalfeldmarschall Hans Günther von Kluge (1882–1944) befehligte die 4. Armee in Polen und Frankreich und ab Dezember 1941 die Heeresgruppe Mitte in Rußland. Nach einem Autounfall wurde er als invalid außer Dienst gestellt, 1944 als Nachfolger von Generalfeldmarschall Rommel als Kommandeur der Heeresgruppe B wieder in Dienst genommen. Kluge tötete sich 1944 selbst.

Obersturmbannführer Otto Skorzeny, gegen Kriegsende Führer deutscher Kommando-Einheiten.

24. Waffengebirgs-"Karstjäger"-Division der SS
25. Waffengrenadier-Division der SS „Hunyadi" (Ungarische Nr. 1)
26. Waffengrenadier-Division der SS (Ungarische Nr. 2)
27. SS-Freiwilligen-Grenadier-Division „Langemarck"
28. SS-Freiwilligen-Panzergrenadier-Division „Wallonien"
29. Waffengrenadier-Division der SS (Italienische Nr. 1)
30. Waffengrenadier-Division der SS (Russische Nr. 2)
31. SS-Freiwilligen-Grenadier-Division

Hitler beobachtet durch ein Periskop die Bombardierung Warschaus. Polen, 1939.

14. ARMEE (LIST)

VIII. Korps
8. und 28. Infanterie-Division; 5. Panzer-Division und SS-„Germania"-Regiment

XVII. Korps
1., 2. und 3. Gebirgs-Division

XXII. Panzer-Korps
2. Panzer- und 4. Leichte Division

Hitler bespricht das Ergebnis von Militärmanövern. 1938

ANHANG IV

SCHLACHTORDNUNG – DER WESTEN, 1940

HEERESGRUPPE B (VON BOCK)

18. ARMEE (VON KUECHLER) UND 6. ARMEE (VON REICHENAU)

XVI. Panzer-Korps (Hoepner)
3. und 4. Panzer-Division

XXXIX. Panzer-Korps (Schmidt)
9. Panzer-Division

HEERESGRUPPE A (VON RUNDSTEDT)

4. ARMEE (KLUGE), 12. ARMEE (LIST) UND 16. ARMEE (BUSCH)

XV. Panzer-Korps (Hoth)
5. und 7. Panzer-Division

XLI. Panzer-Korps (Reinhardt)
6. und 8. Panzer-Division

XIX. Panzer-Korps (Guderian)
1., 2., und 10. Panzer-Division; Motorisiertes Infanterie-Regiment „Großdeutschland"

Generaloberst Hermann Hoth, geboren 1895, befehligte im Frankreichfeldzug ein Panzer-Korps, danach die Panzergruppe 3 und übernahm dann die 17. Armee. Ab 1. Juni 1942 befehligte er die 4. Panzer-Armee. Am 15. September 1942 quittierte er den aktiven Dienst. Hoth wurde 1945 zurückgeholt, um an der finalen Verteidigung des Reichs teilzunehmen. Im Oktober 1946 wurde er wegen Kriegsverbrechen zu 15 Jahren Haft verurteilt.

Guderian und sein Stab halten während des Vormarsches nach Rußland im ersten Kriegsjahr gegen die Sowjetunion, 1941, an einem Straßenrand eine Besprechung ab.

XIV. Motorisiertes Korps (von Wietersheim)
Panzer-Bataillon Nr. 114; Panzergrenadier-Regimenter Nr. 11 und 53

HEERESGRUPPE C (VON LEEB)

Es gab keine Panzer-Formationen bei den Armeen dieser Heeresgruppe: 1. (Blaskowitz) und 7. (Dollmann).

ANHANG V

SCHLACHTORDNUNG – DIE SOWJETUNION, JUNI 1941

HEERESGRUPPE NORD (VON LEEB)

16. ARMEE (BUSCH) UND 18. ARMEE (KUECHLER)

Panzergruppe 4
XLI. Panzer-Korps (Reinhardt): 1. und 6. Panzer-Division; 36. Motorisierte Division

LVI. Korps (von Manstein): 8. Panzer- und 3. motorisierte Division; SS-Division-„Totenkopf" in Reserve

HEERESGRUPPE MITTE (VON BOCK)

4. ARMEE (VON KLUGE) UND 9. ARMEE (STRAUSS)

Panzergruppe 2 (Guderian)
XXIV. Korps (von Schweppenburg): 3. und 4. Panzer-Division; 10. motorisierte und 1. Kavallerie-Division

XLVII. Panzer-Korps (Lemelsen): 17. und 18. Panzer-Division; 29. motorisierte Division
XLVI. Panzer-Korps (von Vietinghoff): 10. Panzer-Division; „Das Reich"-Division; „Großdeutschland"-Infanterie-Regiment

Generalfeldmarschall von Leeb, der in Rußland die Heeresgruppe Nord befehligte, ehe er entlassen wurde, weil seine Truppen den Ansturm der Roten Armee nicht aufhalten konnten.

Oben: Hitler und General (später Generalfeldmarschall) Busch auf einer Parade, die das Ende des Kriegs mit Polen markieren sollte.
Rechts: General Heinz Guderian (1888–1954), hier mit dem Ritterkreuz mit Eichenlaub. Guderian befehligte in den Polen- und Frankreichfeldzügen das XIX. Korps und dann in Rußland die Panzergruppe 2. Er wurde Ende 1941 seines Kommandos enthoben, da er Hitlers Befehl, sich nicht zurückzuziehen, nicht befolgte. 1943 zwang die Lage Hitler, ihn wiedereinzusetzen, zuerst als Generalinspekteur der Panzertruppen, 1944 dann als Chef des Generalstabs des Heeres. Er wurde schließlich von Hitler am 28. März 1945 entlassen.

Panzergruppe 3 (Hoth)
XLIX. Panzer-Korps (Schmidt): 7. und 20. Panzer-Division; 10. und 14. motorisierte Division
LVII. Panzer-Korps (Kuntzen): 12. und 19. Panzer-Division; 18. motorisierte Division

HEERESGRUPPE SÜD (VON RUNDSTEDT)

17. ARMEE (STULPNAGEL), 6. ARMEE (VON REICHENAU) UND 11. ARMEE (VON SCHOBERT)

Panzergruppe 1 (von Kleist)
III. Panzer-Korps (von Mackensen): 13. und 14. Panzer-Division; SS-"Leibstandarte"- und „Wiking"-Division
XIV. Panzer-Korps (von Wietersheim): 9. und 16. Panzer-Division; 16. Infanterie-Division; 25. motorisierte Division in Reserve

General von Vietinghoff-Scheel, Kommandeur einer Armee in Italien.

Generalfeldmarschall Ewald von Kleist (1881–1954) diente im Fankreich- und im Balkanfeldzug und rückte im Sommerfeldzug von 1942 in den Kaukasus vor. Er wurde von den Briten gefangengenommen und den Russen übergeben. Kleist starb 1954 in sowjetischer Gefangenschaft.

Hasso von Manteuffel (mit den Händen in den Taschen) und Offiziere der Division „Großdeutschland" bei Operationen an der Ostfront, 1944/1945, als Manteuffel Divisions-Kommandeur war.

ANHANG VI

SCHLACHTORDNUNG – NORMANDIE, 1944

Die Funktion des Oberkommandierenden West hatte inne:
Generalfeldmarschall von Rundstedt bis Juli
Generalfeldmarschall von Kluge bis 18. August
Generalfeldmarschall Model bis 4. September

Der Kommandeur der Heeresgruppe B war:
Generalfeldmarschall Rommel bis 17. Juli
Generalfeldmarschall von Kluge bis 18. August
Generalfeldmarschall Model bis Kriegsende

Generalfeldmarschall von Kluge und Model waren also gleichzeitig Oberkommandierender West und der Heeresgruppe B.

Der Kommandeur der 7. Armee war:
Generaloberst Dollmann bis 28. Juni (starb an einer Herzattacke)
Obergruppenführer Hausser bis 20. August
General Eberbach bis 30. August

Der Kommandeur der Panzergruppe West (ab 5. August die 5. Panzer-Armee) war:
General von Schweppenburg bis 6. Juli
General Eberbach bis 8. August
Obergruppenführer Dietrich

SCHLACHTORDNUNG PANZERGRUPPE WEST

1. SS-, XLVII. und XLVIII. Panzer-Korps; XXV., LXXIV., LXXXI., LXXXIV. und LXXXVI. Infanterie-Korps; II. Fallschirmjäger-Korps

SS-Oberstgruppenführer Paul Hausser (1880–1972) war einer der wenigen Offiziere, die vom Heer zur SS wechselten und einen hohen Rang erreichten. Er rückte 1944 ins Kommando der 7. Armee in der Normandie vor, wurde aber von Hitler im April 1945 entlassen.

ANHANG VII

KOMPLETTE SCHLACHTORDNUNG DES DEUTSCHEN HEERS, 12. APRIL 1945

Die Schlachtordnung auf den folgenden Seiten war die der letzten Monate des Zweiten Weltkriegs. Hitler benutzte sie in seinem Berliner Bunker.

Wichtig ist dabei, daß die Divisionen und Korps dieser Ordnung längst nicht mehr ihre volle Stärke hatten, sondern ausgebrannte Überbleibsel von Formationen waren, die bereits jahrelang gekämpft hatten.

In dieser Schlachtordnung trugen die Korps arabische Ziffern und nicht wie zuvor römische.

OSTFRONT

HEERESGRUPPE SÜD

2. Panzer-Armee
6. Korps: 71. Division; 13. SS-Gebirgs-Division (nur ein Rest); 297. Division
22. Gebirgs-Korps: 118. Jäger-Divisios; 9. SS-Panzer-Division
1. Kavallerie-Korps: 23. Panzer-Division; 4. Kavallerie-Division; 44. Division (nur eine Kampfgruppe); 3. Kavallerie-Division; 14. SS-Division; 16. SS-Division

6. Armee
18. Korps: Kampfgruppe „Wolff“ (in 18 Gruppen geteilt)
4. SS-Panzer-Korps: 5. SS-Division (Kampfgruppe); 3. Panzer-Division (Kampfgruppe); 1. Panzer-Division (Kampfgruppe)
3. Panzer-Korps: 1. Volksgebirgs-Division; Kampfgruppe „Motschmann“; Kampfgruppe „Raithel“
Reserve: 117. Jäger-Division

6. Panzer-Armee (6. SS-Panzer-Armee)
1. SS-Panzer-Korps: Kampfgruppe „Keitel“; 356. Division (Kampfgruppe); 1. SS-Panzer-Division; 12. SS-Panzer-Division
„Schulz“-Korps: 710. Division; Kampfgruppe „Staudinger“
2. SS-Panzer-Korps: Kampfgruppe „Folkmann“; Kampfgruppe „Von Buenau“; 2. SS-Panzer-Division; 3. SS-Panzer-Division; 6. Panzer-Division; „Führer“-Grenadier-Division

8. Armee
43. Korps: 37. SS-Kavallerie-Division; 96. Division; 101. Jäger-Division (Kampfgruppe); 25. Panzer-Division
„Feldherrnhalle“-Panzer-Korps: 357. Division; 1. und 2. „Feldherrnhalle“-Division; 211. Volksgrenadier-Division; 92. Panzergrenadier-Brigade
72. Korps: 271. Volksgrenadier-Division (nur noch Kampfgruppenstärke); 46. Volksgrenadier-Division; 711. Division (Kampfgruppe); 182. Division

Armee-Reserve: SS-Panzergrenadier-Division „Trabandt" (Kampfgruppe)
Heeresgruppen-Reserve: von Heeresbezirk 17, Festungsgebiet Südost; deutscher Kommandostab Slowakei; Festung Brünn; 3. ungarische Division; 4. und 10. Fallschirmjäger-Division (in Aufbau)

HEERESGRUPPE MITTE

1. Panzer-Armee

9. Korps: 153. Division; 15. Division; 8. Jäger-Division (alles Kampfgruppen); 76. Division
49. Gebirgs-Korps: 320. Volksgrenadier-Division; „Baader"-Division (Kampfgruppe); 304. Division (verschmolzen mit der 16. ungarischen Division); 253. Division; 3. Gebirgs-Division
59. Korps: 4. Gebirgs-Division; 715. Division; 19. Panzer-Division; 16. Panzer-Division; 544. Volksgrenadier-Divi-sion
11. Korps: 68. Division; 371. Division; 97. Jäger-Division; 1. Ski-Jäger-Division; 158. Division
24. Panzer-Korps: 10. Panzergrenadier-Division; 78. Volkssturm-Division; 254. Division; 344. Division
Armee-Reserve: 154. Division; 8. Panzer-Division; 75. Division (in Ruhestellung); 17. Panzer-Division

Gegen Kriegsende wurde auch Wien zum Kriegsschauplatz. Oberstleutnant Weidinger, der Offizier in der Bildmitte mit Stahlhelm und Eisernem Kreuz, beteiligt sich an der Verteidigung Wiens, April 1945. Der Offizier rechts, die Hände in den Taschen, ist General von Bunau, der Kampfkommandant der österreichischen Hauptstadt.

17. Armee
40. Panzer-Korps: 168. Division; 20. Panzer-Division: 45. Division
17. Korps: 31. SS-Freiwilligen-Grenadier Division; 269. Division (beide nur Kampfgruppenstärke); 359. Division
Festung Breslau: 609. Divisions-Hauptquartier; Festungs-gruppe „Breslau“
8. Korps: 208. Division; 100. Jäger-Division
Armee-Reserve: 1. Fallschirm-Panzer-Division „Hermann Göring“; 20. SS Waffengrenadier-Division (nur noch Reste); 603. Divisions-Hauptquartier; 18. SS-Panzergrenadier-Division (nur noch Reste)

4. Panzer-Armee
57. Panzer-Korps: 6. Division; 72. Division
„Großdeutschland“-Panzer-Korps: Panzergrenadier-Division „Brandenburg“; 615. Division (nur HQ); 545. Division (nur noch Kampfgruppenstärke); Panzer-Verband „Böhmen“
Mosers Korpsgruppe: 193. Division; 404. Division; 463. Division
5. Korps: 344. Division; 36. SS-Waffengrenadier-Division (Kampfgruppe); 214. Division; 275. Division; 35. SS-Polizei-Division (Kampfgruppe)
Heeresgruppen-Reserve: Oelmützer Garnisonstruppen; 601. Divisions-HQ; 602. Divisions-HQ; Führer-Begleit-Division
OKH-Reserve: 48. Panzer-Korps; 21. Panzer-Division; 10. SS-Panzer-Division

HEERESGRUPPE „WEICHSEL“

9. Armee
5. SS-Gebirgs-Korps: 391. Divisions-HQ; 32. SS-Panzergrenadier-Division; Divisions-HQ Raegener (Reste der 433. und 463. Division); Verbände aus der Festung Frankfurt
11. SS-Korps: 702. Division; 169. Division; 303. Division; 20. Panzergrenadier-Division; 9. Fallschirmjäger-Division; Panzergruppe „Kurmark“
101. Korps: Infanterie-Division „Großberlin“; 606. Divisions-HQ; 5. Jäger-Division
Armee-Reserve: 600. (russische) Division; 56. Panzer-Korps; 25. Panzergrenadier-Division; Division „Münchenberg“; 286. Ausbildungs-Division

3. Panzer-Armee
46. Panzer-Korps: 1. Marine Infanterie-Division; 547. Volksgrenadier-Division
„Oder“-Korps: Kampfgruppe „Klosseck“; 610. Division
32. Korps: 281. Division; Truppen der „Festung Stettin“; 549. Volksgrenadier-Division; Kampfgruppe „Voigt“
Verteidigungsbereich Swinemünde: 3. Marine-Infanterie-Division; Marinekommando „Swinemünde“; 402. Ausbildungs-Division
Armee-Reserve: 3. SS-Korps; 11. Panzergrenadier-Division (in Ruhestellung); 23. SS-Panzergrenadier-Division (in Ruhestellung); 28. Freiwilligen-Grenadier-Division (auf dem Wege)
Heeresgruppen-Reserve: „Baltische“ Panzer-Formation; 156. Division (in Ruhestellung); 227. Divisios-HQ; 20. Luftwaffe-Division; 541. Volksgrenadier-Division (auf dem Wege)
OKH-Reserve: Heeresgruppe H (nur HQ und Stab); Stab der 4. Armee; 18. Panzergrenadier-Division (in Aufbau)

HEERESGRUPPE OSTPREUSSEN (FRÜHER 2. ARMEE)

Hela-Generalkommando
31. Volksgrenadier-Division; 4. SS-Polizeigrenadier-Division; 7. Panzer-Division; 203. Divisions-HQ; 83. Division

23. Korps
4. Panzer-Division; 252. Division; 12. Luftwaffe-Feld-Division; 35. Division; 23. Division; 32. Division

18. Gebirgs-Korps
7. Division

26. Korps
5. Panzer-Division (verschmolzen mit Resten der 561. Volksgrenadier-Division); 21. Division; 1. Division; 58. Division; 28. Jäger-Division

9. Korps
93. Division; 95. Division; 551. Volksgrenadier-Division; 14. Division; Panzergruppe des „Großdeutschland“-Korps;

Befehlshaber Pillau
50. Division; 558. Volksgrenadier-Division; 286. Division; Marinebasis (55. Korps) – nur Hauptquartier

6. Korps
129. Division; 170. Division

Armee-Reserve
349. Volksgrenadier-Divisions-HQ; 61. Division (nur noch Kampfgruppe); 69. Division; 367. Division; 548. Volksgrenadier-Division; 102. Division (nur Hauptquartier); 607. Division (nur Hauptquartier); 10. Radfahr-Jäger-Brigade (nur Hauptquartier)

OKH-Reserve
27. Korps; 7. Korps; 542. Volksgrenadier-Division; 389. Division; 337. Volksgrenadier-Division; 73. Division; Reste des Fallschirm-Panzer-Korps „Hermann Goering“ (in Ruhestellung); Reste der 2. „Hermann Goering“-Division (in Ruhestellung); 28. Korps; 24. Panzer-Division; 292. Division; 131. Division; 56. Division; 562. Volksgrenadier-Division

HEERESGRUPPE KURLAND

18. Armee
10. Korps: 121. Division; 30. Division
1. Korps: 132. Division; 225. Division
2. Korps: 87. Division; 263. Division; 126. Division; 563. Volksgrenadier-Division
50. Korps: 290. Division; 11. Division
Armee-Reserve: Festung Libau (52. Sicherungs-Divisions-HQ); 14. Panzer-Division

16. Armee
38. Panzer-Korps: 329. Division; 122. Division
6. SS-Freiwilligen-Korps: 19. Waffengrenadier-SS-Division; 24. Division; 12. Panzer-Division
16. Korps: 218. Division mit Kampfgruppe „Barth“; 21. Luftwaffe-Feld-Divisions-Hauptquartier; 205. Division; 81. Division; 300. Division (nur Hauptquartier)
Kommandeur Nord-Kurland: Küsten-Kommandant (Ostabschnitt); 207. Sicherungs-Divisions-HQ; Küsten-Kommandanten Abschnitt Nord und Nordwest; Festungskommandant „Windau“, Südwestabschnitt
Armee-Reserve: „Kurland“-Brigade
Heeresgruppen-Reserve: 201. Sicherungs-Division (nur Hauptquartier); 15. Waffengrenadier-SS-Di-vision (auf dem Wege)

NORWEGEN

20. GEBIRGS-ARMEE

19 Gebirgs-Korps (Heeresverband „Narvik“)
6. Gebirgs-Division; 388. Grenadier-Brigade; 270. Division verschmolzen mit der 193. Grenadier-Brigade

Korps-Reserve
Fahrrad-Aufklärungs-Brigade „Norwegen“

71. Korps
503. Grenadier-Brigade; 140. Division; 139. Gebirgs-Brigade; 210. Division verschmolzen mit der Festung-„Lofoten“-Brigade; 230. Division

33. Korps
14. Luftwaffe-Feld-Division; 102. Division; 295. Division

70. Korps
280. Division; 274. Division; 613. Division (nur Hauptquartier)

36. Gebirgs-Korps
Maschinengewehr-Ski-Brigade „Finnland"; Panzer-Brigade „Norwegen"

Armee-Reserve
7. Gebirgs-Korps

DÄNEMARK

Heeres-Gebiet „Dänemark"
160. Division; 233. Division

Gebiets-Reserve
616. Divisions-HQ (Nord-Jütland) (gebildet)

SÜDWEST-FRONT (ITALIEN)

HEERESGRUPPE C (OBERKOMMANDEUR SÜDWEST)

Ligurische Armee (auch 87. Korps genannt)
75. Korps: 5. Gebirgs-Division; 2. Italienische Division; 34. Division
„Lombardei"-Korps: 3. Italienische Marine-Division „San Marco"; 134. Festungs-Brigade; Teile derf 4. Italienischen Gebirgs-Division „Monte Rosa"
Reserve: Teile der 4. Italienischen Gebirgs-Division „Monte Rosa"

14. Armee
51. Gebirgs-Korps: 148. Division; 1. Italienische Division; 232. Division; 114. Jäger-Division; 334. Volksgrenadier-Division
14. Panzer-Korps: 94. Division; 8. Gebirgs-Division; 65. Division

10. Armee
1. Fallschirmjäger-Korps: 305. Division; 1. Fallschirmjäger-Division; 278. Volksgrenadier-Division; 4. Fallschirmjäger-Division;.Panzer-Division
76. Panzer-Korps: 98. Volksgrenadier-Division; 362. Division; 42. Jäger-Division; 162. Division
73. Korps: Nur Alarm-Abteilungen
Heeresgruppe-Reserve: 155. Division (in Ruhestellung); 90. Panzergrenadier-Division; 29. Panzergrenadier-Division

SÜDOSTFRONT (BALKAN)

HEERESGRUPPE E (OBERKOMMANDEUR SÜDOST)

97. Korps
188. Gebirgs-Division; 237. Division

15. Gebirgs-Korps
392. (Kroat.) Division (nur Reste); 104. Jäger-Division

21. Gebirgs-Korps
181. Division verschmolzen mit Resten der 369. (Kroat.) Division; Hauptteil der 7. SS-Gebirgs-Division; 969. Festungs-Brigade; 966. Festungs-Brigade; 964. Festungs-Brigade; 1017. Festungs-Brigade

34. Korps
Teile der 7. SS-Gebirgs-Division; 22. Volksgrenadier-Division; 41. Division; 963. Festungs-Brigade

91. Korps
11. Luftwaffe-Feld-Division; 967. Festungs-Brigade

15. Kosaken-Korps
1. und 2. Kosaken-Division

69. Korps
„Fischer"-Division (bestehend aus 18. SS-Poli-

zei-Gebirgs-Regiment und 5. Polizei-Regiment); 20. Reserve-Jäger-Regiment

Kommandant Ost-Ägäis
939. Panzergrenadier-Brigade (Rhodos); 968. Festungs-Brigade

Kommandant Kreta
Festungs-Division „Kreta"

WESTFRONT

OBERKOMMANDEUR NORD-WEST, HQ-STAB NORDKÜSTE

25. Armee (Oberkommandeur Niederlande)
617. Division (nur HQ); 219. Division; 703. Division
30. Korps: 249. Division; 20. Spezial-Brigaden-Hauptquartier; 34. SS-Grenadier Division „Landstorm Nederland"
88. Korps: Hauptteil der 346. Division; 361. Division; 6. Fallschirmjäger-Division; 169. Division

1. Fallschirmjäger-Armee
2. Fallschirmjäger-Korps: 8. Fallschirmjäger-Division; 7. Fallschirmjäger-Division, mit der 346. Division; 245. Division (nur Reste)
86. Korps: Panzergruppe „Großdeutschland"; 471. Division, mit Resten der 490. Division; 325 Division; 15. Panzergrenadier-Division
Heeresgruppe Blumentritt
Korps-HQ „Ems" als 11. Korps: 480. Division; 172. Division zbV; 2. Marine-Infanterie-Division (nur Kampfgruppe); 3. Panzergrenadier-Division
Heeresgruppe B
Heeresverband von Luettwitz (47. Panzer-Korps)
53. Korps: Hauptteil der 116. Panzer-Division; 22. Flak-Division; 190. Division; 180. Division; Kampfgruppe „von Deichmann"
58. Korps: 2. Fallschirmjäger-Division; „Hamburg"-Infanterie-Division (nur HQ)

15. Armee
74. Korps: 272. Volksgrenadier-Division; Teile der 3. Panzergrenadier-Division; „Meissner"-Gruppe; Panzer-„Lehr"-Division; 338. Division; 176. Division
81. Korps: 106. Panzer-Brigade; Kampfgruppe „Würtz"; Kampfgruppe „Scherzer"
Heeresgruppe B-Reserve: Hauptteil der 326. Volksgrenadier-Division; 340. Volksgrenadier-Division; 5. Fallschirmjäger-Division; 166. Division
OKW-Reserve: 41. Panzer-Korps; 39. Panzer-Korps (in Ruhestellung)

OBERKOMMANDEUR WEST

11. Armee
66. Korps: Kampfgruppe 116. Panzer-Division; Kampfgruppe 9. Panzer-Division; SS-Panzer Brigade „Westfalen"; Reste der 277. Volksgrenadier-Division
Als 9. Korps: Kampfgruppen der 326. und 26. Volksgrenadier-Division
67. Korps: Kampfgruppen „Großkreuz", „Heidenreich", „Ettner" und „Feller"
Heeresgruppe G

7. Armee
90. Korps: Alarmverbände
85. Korps: 11. Panzer-Division (nur Reste); Kampfgruppe „Schroetter"
12. Korps (Heeresbezirk 12): Kampfgruppe „von Berg", 2. Panzer-Division
82. Korps: 36. Volksgrenadier-Division und Reste der 256. Volksgrenadier-Division; 21. Flak-Division; 416. Division
Armee-Reserve: 6. SS-Gebirgs-Division

1. Armee
13. SS-Korps: Panzer-Brigade „von Hube"; „Bayern"-Division; 79. Volksgrenadier-Division; 212. Volksgrenadier-Division; 9. Volksgre-

nadier-Divisions-Hauptquartier; „Alpen"-Infanterie-Division; 616. Spezial-Divisions-Hauptquartier
13. Korps: 553. Volksgrenadier-Division; 17. SS-Panzergrenadier-Division; „Goetz von Berlichingen"; 246. Volksgrenadier-Division; 19. Volksgrenadier-Division; 2. Gebirgs-Division

19. Armee
80. Korps: 559. Volksgrenadier-Division; 198. Division; 47. und 16. Volksgrenadier-Division
64. Korps: 716. Division; 257. Volksgrenadier-Division; 106. Division
18. SS-Korps: 405. Division; 805. Division; 1005. Brigade; Bauers Brigade
Armee-Reserve: 189. Division (in Aufbau)
Heeresgruppe G-Reserve: 80. Korps; 352. Volksgrenadier-Division; 719. Division; 905. Spezial-Division; 347. Volksgrenadier-Division; 159. Division
In Aufbau oder Umbildung: 150. Division; 151. Division; 18. Volksgrenadier-Division; 89. Division; 167. Division; 63. Division; Hauptquartier der 12. Armee; Hauptquartier der 24. Armee; „Gruppe Weissenberger"; 407. Divisions-HQ-Stab; Stab der Wehrkreise 6 und 7
OKW-Reserve: In Aufbau oder in Ruhestellung: Infanterie-Division „Theodor Körner"; 3. RAD; 38. SS-Grenadier-Division „Nibelungen"; Panzer-Division „Clausewitz"
Getilgt: 406. und 476. Divi-sion

Anmerkung:: Die Marinestreitkräfte in Lorient – ein Rest der 265. Division – blieben in dieser Schlachtordnung unberücksichtigt.